손으로 쓰면서 외우는

JLPT N1
30일완성

손으로 쓰면서 외우는
JLPT N1 30일 완성

초판 1쇄 발행   2017년 5월 22일

초판 3쇄 발행   2025년 4월 10일

지 은 이   나무

펴 낸 이   최수진

펴 낸 곳   세나북스

출판등록   2015년 2월 10일 제300-2015-10호

주   소   서울시 종로구 통일로 18길 9

홈페이지   http://blog.naver.com/banny74

이 메 일   banny74@naver.com

전화번호   02-737-6290

팩   스   02-6442-5438

I S B N   979-11-87316-16-9 13730

이 도서의 국립중앙도서관 출판예정도서목록(CIP)은 서지정보유통지원시스템
홈페이지(http://seoji.nl.go.kr)와 국가자료공동목록시스템(http://www.
nl.go.kr/kolisnet)에서 이용하실 수 있습니다.
(CIP제어번호 : CIP2017008515)

손으로 쓰면서 외우는

JLPT **N1** 30일 완성

나 무 지음

문법편

세나북스

오감을 이용해
기억력을 높이는 '필사 공부법'

사람의 기억력을 높이는 방법에는 여러 가지가 있습니다.

첫 번째 방법은 '최대한 많은 감각을 이용하는 것'입니다. 일본어를 공부할 때도 단지 눈으로만 보기보다는 오감을 이용하는 편이 더 많이, 오랫동안 기억이 되어 공부에 도움이 됩니다.

예를 들어 '딸기'라는 뜻의 일본어 'イチゴ'를 외울 때, 눈으로 보고(시각), 손으로 쓰면서(촉각) 입으로 소리 내어 읽고(청각), 딸기 향기를 맡은 후(후각) 먹으면서(미각) 외운다면 오감을 모두 이용한 것으로서 기억력을 높일 수 있다는 의미입니다.

일본의 생물학자이자 민속학에도 조예가 깊었던 '미나카타 구마쿠스(南方熊楠)'는 공부할 때 '필사법'을 활용한 것으로 유명합니다. 미나카타의 방대한 독서량과 탁월한 기억력은 전설적이었는데 대영박물관의 도서관에서 무려 500여 권에 이르는 책을 필사했다고 합니다. 이런 그의 노력은 그를 다방면에 걸친 해박한 지식인으로 만들어 주었습니다.

이 책은 감각을 이용하는 '필사'를 통해 공부하는 책입니다. 눈으로 보고 손으로 쓰고 느끼며 공부하는 것으로, 각 문장을 소리 내 읽으면서 필사를 하면 더욱 효과적입니다. 특히 외국어는 단어 하나하나를 따로 외우기보다는 문장을 통째로 외우면 문법과 글자, 의미를 동시에 이해할 수 있기 때문에 각 표현마다 문장을 하나씩 선택해서 외우는 것을 적극 추천합니다.

주기적인 반복을 통한 기억력 높이기

두 번째로 기억력을 높이는 방법은 '반복'입니다. 사람이 기억한 내용을 잊어버리는 단계를 인지하고 그에 맞춰 일정한 주기로 반복하면 기억을 좀 더 효율적으로 유지할 수 있습니다.

심리학 교수 다니엘 샥터가 제창한 '에빙하우스의 망각곡선'은 사람이 기억했던 것을 잊어가는 과정, 즉 망각해 가는 단계를 정리

한 이론입니다. 이에 따르면 사람은 무언가를 기억한 후 채 10분도 지나기 전에 잊어버리기 시작해 20분이 지나면 이미 40% 이상을 잊어버리고 한 달 뒤에는 외웠던 내용 중 겨우 21% 정도밖에 기억하지 못한다고 합니다.

그래서 이 책에서는 9일간 공부하고 10일째 되는 날, 앞서 공부한 내용 전체를 다시 한 번 반복할 수 있도록 리뷰Review를 넣었습니다. 1일 치를 필사한 후 다시 한 번 눈으로 읽은 뒤 공부를 끝내고 다음 날에는 전날 학습 내용을 반드시 읽어본 후 다음 필사를 합니다.

이처럼 1시간, 하루, 3일, 일주일, 한달 등 주기적으로 내용을 복습하면 오랫동안 기억을 유지할 수 있습니다.

본인 상황에 맞는 예문 만들어 보기

　마지막으로 추천하는 공부 방법은 주어진 예문 이외에 본인의 현재 상황에 맞는 '예문을 직접 만들어 보는 것'입니다. 사람은 자신과 밀접한 관계가 있는 것, 흥미가 있는 것을 그렇지 않은 것보다 더 잘 기억한다고 합니다. 마음으로 공감되는 내용은 머리뿐 아니라 가슴에 강하게 남습니다.

　제시된 예문을 보고 베껴 쓴 다음 자신의 상황에 맞는, 혹은 현재 본인이 하고 싶은 말을 예문으로 만들어 보시기 바랍니다.

　위의 세 가지 방법을 활용한다면 단 한 번의 학습만으로도 일본어 실력 향상에 큰 효과를 얻을 수 있을 것입니다.

저자 나무

Contents

Chapter 2.　여러 가지 의미가 있는 단어들

47. こと

(1) ~こととて : ~이므로
(2) ~ことなしに(は) : ~하지 않고(는)
(3) ~たことにする : ~한 셈 치다
(4) ~ことだし : ~이기도 하니까
(5) ~ことはないにしても : ~하는 일은 없다
고 해도

48. まで

(1) ~てまで : ~하면서까지
(2) ~ないまでも : ~까지는 아니더라도
(3) ~までもない : ~할 필요도 없다
(4) ~たらそれまでだ : ~하면 그것으로
끝이다
(5) ~まで(のこと)だ : ~하면 그만이다

49. 言う

(1) ~とはいえ : ~라고 해도
(2) ~といえども : ~이기는 하지만
(3) ~かというと : ~인가 하면
(4) ~というよりむしろ : ~보다 오히려
(5) ~に言わせれば : ~에게 묻는다면

Chapter 3.　다양한 표현들, 어휘력 늘리기

MEMO

품사별 표기 및 활용

동사

V(동사)	1그룹 예시	2그룹 예시
V 사전형	乗る	食べる
Vます형	乗ります	食べ
V た형	乗った	食べた
V て형	乗って	食べて
V ない형	乗ら（ない）	食べ(ない)
V ば형	乗れば	食べれば
Vたら형	乗ったら	食べたら
Vと형	乗ると	食べると
V 의지형	乗ろう	食べよう
V 명령형	乗れ	食べろ
V 보통형	乗る/乗った	食べる ／ 食べた
	乗らない/乗らなかった	食べない ／ 食べなかっ

형용사

イA(イ형용사)	예시	ナA(イ형용사)
イA 사전형	さびしい	ナA 사전형
イA 어간	さびし	ナA 어간
イAい	さびしい	ナA な
イA く	さびしく	ナAで
イAくて	さびしくて	ナA 과거형
イA 과거형	さびしかった	ナA なら
イAば형	さびしければ	ナA 보통형
イA 보통형	さびしい /さびしくない	ナA 명사수식형
	さびしかった ／ さびしくなかった	

명사

N(명사)	예시
N	車
Nの	車の
Nである	車である
N 보통형	車だ ／ 車だった
	車ではない ／ 車ではなかった
N 명사수식형	車の ／ 車だった
	車ではない ／ 車ではなかった

	3그룹 예시
	する
	し
	した
	して
	し(ない)
	すれば
	したら
	すると
	しよう
	しろ or せよ
	する / した
	しない / しなかった

	예시
	好きだ
	好き
	好きな
	好きで
	好きだった
	好きなら
	好きだ / 好きだった
	好きではない / 好きではなかった
	好きな / 好きだった
	好きではない / 好きではなかった

비슷한 표현들
비교하며 이해하기

1. ~を機に : ~을 계기로

어떤 변화가 일어났거나, 무언가를 결심하게 된 이유, 시점
등을 말할 때 사용

N + を機に

彼女は結婚を機に仕事を辞めてしまった。

그녀는 결혼을 계기로 일을 그만두고 말았다

_____

_____

父は今回の入院を機に禁煙ができた。

아버지는 이번 입원을 계기로 금연에 성공했다.

_____

_____

就職を機にソウルで一人暮らしを始めます。

취직을 계기로 서울에서 자취를 시작합니다.

_____

_____

結婚 결혼 入院 입원 禁煙 금연 就職 취직 一人暮らし 자취·혼자사는 것

2. ~を皮切(かわ)きりに : ~을 시작으로

어떤 일이 잇따라 일어나게 된 첫 번째 계기. ~を皮切りにして, ~を皮切りとして도 같은 의미로 사용

> V사전형 + の / Vた형 + の / N + を皮切りに

🎎 あの歌手(かしゅ)は日本を皮切りにワールドツアーを始(はじ)めた。
그 가수는 일본을 시작으로 하여 월드투어를 시작했다.

_____

_____

👦 「Pepper」を皮切りに、家庭用(かていよう)ロボットが続々(ぞくぞく)と登場(とうじょう)している。
'페퍼'를 시작으로 가정용 로봇이 속속 등장하고 있다.

_____

_____

🧑 あの事件(じけん)を皮切りに、政府(せいふ)を非難(ひなん)するニュースが相次(あいつ)いだ。
그 사건 이후로 정부를 비난하는 뉴스가 연이어졌다.

_____

_____

🐾 Pepper 일본 소프트뱅크가 만든 로봇　続々と 속속　登場 등장　非難 비난　相次ぐ 연이어지다

3. ~てからというもの : ~한 이후로 계속

~한 것을 계기로 큰 변화가 생긴 후 지금까지 계속 이어지고 있는 상황

> Vて형 + からというもの

🙎 運動を始めてからというもの、風邪を引かなくなった。
うんどう はじ　　　　　　　　　　　　　かぜ ひ

운동을 시작한 이후로는 감기에 걸리지 않게 되었다.

🙎 新しい会社に移ってからというもの、毎日が楽しい。
かいしゃ うつ　　　　　　　　　　　　　まいにち たの

새로운 회사로 옮긴 이후로는 하루하루가 즐겁다.

🙎 彼は受験に失敗してからというもの、部屋から出てこない。
じゅけん しっぱい　　　　　　　　　　　　　へ や

그는 입시에 실패한 이후부터 지금까지 방에서 나오지 않고 있다.

🐾 運動 운동　風邪を引く 감기에 걸리다　移る 옮기다　受験 입학시험, 시험

4. ~が最後 : ~했다 하면

'~하기만 하면 계속해서 ~한다' 라는 의미로, 대부분 부정적인 뉘앙스

> V た형 + が最後

🧑 母は小言を言い始めたが最後、何時間も続ける。

엄마는 잔소리를 시작했다 하면 몇 시간씩 계속한다.

_____

_____

👶 赤ちゃんが毎晩泣き出したが最後、朝まで止まらない。

아기가 매일 밤 울기 시작하면 아침까지 그치지 않는다.

_____

_____

🧑 彼はカラオケで歌い始めたが最後、朝まで家に帰らない。

그는 노래방에서 노래를 시작했다 하면 아침까지 집에 가지 않는다.

_____

_____

🐶 小言を言う 잔소리를 하다   V ます형+始める ~하기 시작하다

25

5. ～ゆえに : ~로 인해서

원인, 이유를 설명하는 문어체 표현. 문장 첫 머리에 쓰면 '그러므로' 등으로 번역

> V보통형 / ィA보통형 / ナA명사수식형 / N명사수식형 + ゆえに
> (ナA에서 な, N의에서의 の 생략 가능)

若(わか)い時(とき)は、未熟(みじゅく)さの**ゆえに**失敗(しっぱい)することも多(おお)い。
젊을 때는 미숙함으로 인해 실패하는 일도 많다.

_____

_____

東京(とうきょう)には宿泊施設(しゅくはくしせつ)が足(た)りない**ゆえに**予約(よやく)を取(と)りにくい。
도쿄는 숙박시설이 부족해서 예약을 하기가 어렵다.

_____

_____

個人的(こじんてき)な問題(もんだい)**ゆえに**匿名(とくめい)で書(か)き込(こ)みました。
개인적인 문제라 익명으로 글을 썼습니다.

_____

_____

未熟さ 미숙함　失敗 실패　宿泊施設 숙박시설　匿名 익명　書き込む (인터넷에) 글을 쓰다

Tip

* ~を機に와 ~を皮切りに는 둘 다 '~을 계기로 하여'라는 말로 해석됩니다. 단, ~を機に는 그것을 계기로 단 한 번의 변화가 발생한 때도 사용할 수 있지만 ~を皮切りに는 그것을 시작으로 하여 비슷한 일들이 잇따라 일어나거나 퍼져 나가는 때에 사용한다는 점이 다릅니다.

* ~てからというもの는 '~을 한 이후로 지금까지'라는 의미로서 예상하지 못했던 변화, 혹은 비교적 큰 변화의 계기를 표현하며 놀라움, 아쉬움 등 감정이 포함되어 있습니다. ~が最後도 '~하기만 하면 계속 ~하다'라는 의미로서 어떠한 행동, 상황이 계속 이어지는 것을 뜻하지만 말하는 사람의 '부정적인' 감정이 담긴 표현입니다.

* ~ゆえに는 어떠한 결과, 변화 등의 이유를 표현하는 ~から, ~ので와 같은 의미의 문어체 표현입니다. ~を機に, ~を皮切りに, ~てからというもの, ~が最後 와 같은 시간에 대한 개념은 포함되어 있지 않고 단순히 이유, 원인을 나타냅니다.

2일차

6. ~なり : ~하자마자

뒤에는 주로 예상하지 못했던 일이나 일반적이지 않아 놀랄
만한 내용이 나옴

V사전형 + なり

彼はコーヒーを一口飲むなり、吐き出してしまった。
ひとくち の　　　　　　　　　 は　だ

그는 커피를 한 모금 마시자마자 토하고 말았다.

父は私の部屋に入ってくるなり、説教を始めた。
へや はい　　　　　　　 せっきょう はじ

아버지는 내 방에 들어오자마자 설교를 시작했다.

政府が政策を発表するなり、抗議の電話が殺到した。
せいふ せいさく はっぴょう　　　こうぎ でんわ さっとう

정부가 정책을 발표하자 곧바로 항의 전화가 쇄도했다.

一口飲む 한 모금 마시다　吐き出す 토하다　説教 설교　政策 정책　抗議 항의　殺到 쇄도

7. ~が早いか : ~하자마자

어떤 행동, 상황이 끝나고 곧바로 다른 행동을 하거나 다른 일이 생긴 경우

V 사전형 / Vた형 + ~が早いか

雷が鳴るが早いか、ザアザアと雨が降り始めた。
천둥이 치자마자 촥촥 비가 내리기 시작했다.

_____

_____

息子は家に帰るが早いか、ゲームを始めた。
아들은 집에 돌아오자마자 게임을 시작했다.

_____

_____

彼は彼女からメールをもらうが早いか、家を飛び出した。
그는 그녀에게 메일을 받자마자 집을 뛰쳐나갔다.

_____

_____

雷が鳴る 천둥이 치다 降り始める 내리기 시작하다 飛び出す 뛰쳐나가다

29

8. ~そばから : ~하는 족족 (반복)

'~하면 곧바로' 라는 의미로서 같은 상황이 계속 반복되는 경우

> V사전형 / Vた형 + そばから

🧑 来週が試験なのに、漢字を覚える**そばから**忘れてしまう。

다음 주가 시험인데 한자를 외우는 족족 잊어버린다.

_____

_____

🧑 ドーナツを作る**そばから**食べてしまう娘。

도넛을 만드는 족족 곧바로 먹어 버리는 딸.

_____

_____

🧑 話題になったあの本は、仕入れた**そばから**売れていく。

화제가 된 그 책은 들여놓으면 곧바로 팔려 나간다.

_____

_____

🐾 試験 시험　漢字 한자　話題 화제　仕入れる (가게, 회사에) 물건을 들여놓다

30

9. ~や否や : ~하자마자
や否や<ruby>否<rt>いな</rt></ruby>

~や만 쓰기도 하며 뒤에는 예상치 못한 상황, 내용이 주로 옴

> V사전형 + や否や

🎎 <ruby>玄関<rt>げんかん</rt></ruby>のドアを<ruby>開<rt>あ</rt></ruby>けるや否や<ruby>犬<rt></rt></ruby>が<ruby>飛<rt>と</rt></ruby>んできた。

현관문을 열자마자 개가 달려나왔다.

_____

_____

👶 <ruby>迷子<rt>まいご</rt></ruby>になっていた<ruby>子供<rt></rt></ruby>は<ruby>親<rt></rt></ruby>の<ruby>顔<rt></rt></ruby>を<ruby>見<rt></rt></ruby>るや否や<ruby>泣<rt>な</rt></ruby>き<ruby>出<rt>だ</rt></ruby>した。

미아가 되었던 아이는 부모 얼굴을 보자마자 울음을 터트렸다.

_____

_____

🧑 <ruby>彼女<rt></rt></ruby>は<ruby>信号<rt>しんごう</rt></ruby>が<ruby>青<rt>あお</rt></ruby>に<ruby>変<rt>か</rt></ruby>わるや、アクセルを<ruby>思<rt>おも</rt></ruby>い<ruby>切<rt>き</rt></ruby>り<ruby>踏<rt>ふ</rt></ruby>んだ。

그녀는 신호가 파란색으로 바뀌자마자 액셀을 힘껏 밟았다.

_____

_____

🐾 <ruby>玄関<rt></rt></ruby>현관 <ruby>開<rt></rt></ruby>ける 열다 <ruby>飛<rt></rt></ruby>んでくる 달려오다 <ruby>迷子<rt></rt></ruby>미아 <ruby>思<rt></rt></ruby>い<ruby>切<rt></rt></ruby>り 힘껏 <ruby>踏<rt></rt></ruby>む 밟다

10. ～と決^きまって : ~하면 항상

A라는 일이 생기면 그 다음에 언제나 B라는 일이 생기는 경우

> V사전형 + と決まって

🧑 夢で元彼を見ると決まって悪いことが起きる。
ゆめ もとかれ　　　　　　　　わる　　　　　お
꿈에서 예전 남자친구를 보면 항상 안 좋은 일이 생긴다.

_____

_____

🧑 最近、勉強を始めると決まって頭痛に襲われる。
さいきん べんきょう はじ　　　　　　　ずつう　おそ
최근 공부를 시작하면 항상 두통에 시달린다.

_____

_____

🧑 夜１２時になると決まって猫の泣き声が聞こえてくる。
よる じ　　　　　　　　ねこ な ごえ き
밤 12시가 되면 언제나 고양이 울음소리가 들려 온다.

_____

_____

😺 元彼 예전 남자친구 頭痛 두통 襲う 덮치다, 몰려오다 猫 고양이 泣き声 울음소리

32

* Aが早いかB는 A와 B가 '거의 동시에' 일어났다는 사실이 강조되는 반면, AなりB와 Aや否やB는 B에 예상하지 못했던 일이나 상황이 나와 '의외성', '돌연성'이 강조됩니다.

* そばから도 '~하자마자'라는 의미이지만 같은 행동이나 상황이 계속해서 반복되는 경우에만 사용한다는 점에서 차이가 있습니다. ~と決まって 역시 '~하면 언제나 ~한다'의 의미로서 같은 상황이 반복되는 것을 표현하지만, 곧바로 이어지는 행동, 상황이 아니라도 사용할 수 있다는 것이 そばから와 다른 점입니다.

* ~が早いか, ~なり, ~や否や는 모두 이미 일어난 과거의 일을 설명할 때에만 쓰는 표현이기 때문에 뒤에 '~해 주십시오', '~하겠다'와 같은 부탁, 계획 등의 내용이 올 수 없습니다. 비슷한 의미의 구어체 표현으로는 ~か~ないかのうちに, ~途端(とたん)등이 있습니다. (『손으로 쓰면서 외우는 JLPT N2 30일 완성』, p.22, p.23 참고)

11. ~をおいて : ~을 빼 놓고

주로 '~をおいて~できない(~을 빼고는 ~할 수 없다)'의 형태로 쓰여 강한 주장 표현

N + をおいて

彼に<ruby>告白<rt>こくはく</rt></ruby>するなら今をおいて<ruby>他<rt>ほか</rt></ruby>にはない。

그에게 고백할 것이라면 지금이 아니면 달리 (기회가) 없다.

ビートルズをおいてロックミュージックは<ruby>語<rt>かた</rt></ruby>れない。

비틀스를 빼놓고는 록음악을 이야기할 수 없다.

彼女をおいて、この仕事を<ruby>任<rt>まか</rt></ruby>せられる人はいない。

그녀 이외에 이 일을 맡길 수 있는 사람은 없다.

告白 고백 ビートルズ 1960년대 영국 록음악 밴드 任せる 맡기다

34

12. ~はさておき : ~은 뒤로 미루고

'~은 둘째 치고' 등의 의미로 대화 중에 화제를 전환할 때 자주 사용

N + はさておき

冗談はさておき、今後どうするかを決めましょう。
농담은 나중에 하고 앞으로 어떻게 할지를 결정합시다.

_____

_____

お金の問題はさておき、旅行に行く時間がありません。
돈 문제는 둘째치고 여행 갈 시간이 없어요.

_____

_____

実現できるかどうかはさておき、アイデアとしてはいいと思う。
실현 가능할지 어떨지는 몰라도 아이디어로서는 좋다고 생각해.

_____

_____

冗談 농담   今後 향후, 앞으로   実現 실현   アイデア 아이디어

13. ~をよそに : ~을 무시하고

'~을 아랑곳하지 않고'라는 의미로서 부정적인 느낌이 강한 표현

> N + をよそに

🧒 息子は親の心配をよそに毎晩ゲームを楽しんでいる。
아들은 부모의 걱정을 아랑곳하지 않고 매일 밤 게임을 즐기고 있다.

_____

_____

👦 禁煙のマークをよそにタバコを吸っているおじさんがいた。
금연 표시를 무시하고 담배를 피고 있는 아저씨가 있었다.

_____

_____

🧑 政府は国民の批判をよそに新しい法案を強行した。
정부는 국민의 비판을 무시하고 새로운 법안을 강행했다.

_____

_____

👀 禁煙 금연 批判 비판 法案 법안 強行 강행

36

14. ~をものともせず : ~을 개의치 않고

앞에 어려움, 곤란, 위험 등의 단어가 주로 오며 긍정적 의미로 사용

> N + をものともせず

🧒 消防士は死の危険をものともせず火の中に飛び込んだ。

소방관이 죽음의 위험을 개의치 않고 불 속으로 뛰어들었다.

_____

_____

🧒 彼は障害をものともせずやりたいことに挑戦する。

그는 장애를 개의치 않고 자신이 하고 싶은 일에 도전한다.

_____

_____

🧒 バスケットの選手が守備の壁をものともせず突進していった。

농구선수가 수비의 벽을 개의치 않고 돌진해 나갔다.

_____

_____

😀 消防士 소방관 飛び込む 달려 들어가다 障害 장애 挑戦 도전 守備 수비 突進 돌진

15. ~いかんによらず : ~여부와 상관없이

~에 좌우되지 않는다는 뜻으로 ~いかんにかかわらず, ~いかんを問わず도 같은 의미로 사용

> N + (の) + いかんによらず

🎎 理由のいかんによらず、暴力は許せない。

이유와 상관없이 폭력은 용서할 수 없다.

👦 国籍のいかんによらず採用する企業が増えている。

국적과 관계없이 채용하는 기업이 늘고 있다.

👴 消費税上げは市民の賛否いかんによらず施行された。

소비세 인상은 시민들의 찬반과 상관없이 시행되었다.

🐝 暴力 폭력 国籍 국적 採用 채용 増える 늘다 消費税上げ 소비세 인상 賛否 찬반 施行 시행

* ~をおいては 주로 '~をおいて~ない'의 형태로 '~을 빼고는 ~할 수 없다', 즉 '~가 매우 중요하다'는 주관적인 생각을 말할 때 사용됩니다.

* ~はさておき도 '제외하다'라는 의미가 있지만 주로 이야기나 문장을 시작할 때, 혹은 대화 중에 화제 전환을 위해 사용합니다. '농담 그만하고 업무 이야기합시다'라고 할 때의 '농담 그만하고', 혹은 '여행을 가고 싶지만 돈이 문제가 아니라 시간이 없다'라는 표현에서 '문제가 아니라' 등에 해당합니다.

* ~をよそに와 ~をものともせず는 둘 다 '~을 신경 쓰지 않다'라는 의미입니다. 단, ~をよそに는 '~을 무시하고' 등으로 번역되는 것으로 부정적인 뉘앙스가 강하지만, ~をものともせず는 '신경 쓰지 않고 과감하게'와 같이 긍정적인 의미로 쓰입니다.

* ~いかんによらず의 경우는 부정적, 긍정적 내용 모두에 사용할 수 있는 표현으로서 어떤 조건이나 이유 등에 따라 변하지 않는 객관적인 상황을 서술할 때 주로 사용됩니다.

16. ~てやまない : 한없이 ~하다

'~해 마지 않다', 즉 '매우 ~하다' 라는 의미로 간절한 마음이
담긴 표현

V て형 + やまない

私が愛してやまないイチゴケーキを家で作ってみた。

내가 너무나 사랑하는 딸기 케이크를 집에서 만들어 보았다.

_____

_____

「一度は言われたい」と願ってやまない愛のセリフがある。

"한 번은 듣고 싶다"라고 간절히 원하는 사랑의 말이 있다.

_____

_____

尊敬してやまない先生に手書きの年賀状を送った。

너무나 존경하는 선생님께 손으로 직접 쓴 연하장을 보냈다.

_____

_____

愛する 사랑하다 セリフ 대사, 말 尊敬 존경 手書き 손으로 직접 쓴 年賀状 연하장

17. ～を禁じ得ない : ~을 금할 길이 없다

어떤 상황, 사건 등을 보고 생긴 감정을 참을 수가 없다는 의미

N + を禁じ得ない

🎎 たくさんの人を殺したテロリストに怒りを禁じ得ない。

많은 사람들을 죽인 테러리스트에 대해 화를 참을 수 없다.

👦 進歩している「ロボット兵器」に懸念を禁じ得ない。

발전하고 있는 '로봇 무기'에 대해 우려를 금할 길이 없다.

👦 大統領選の結果に失望を禁じ得ないと言う人が多い。

대통령선거 결과에 참을 수 없이 실망스럽다고 말하는 사람이 많다.

🐾 怒り 화,분노　進歩 진보,발전　兵器 무기　懸念 우려　大統領選 대통령선거　失望 실망

18. ~に越したことはない
: ~보다 나은 것은 없다

다른 무엇보다 '바로 ~가 최고다', '이상적이다' 라는 것을 강조

V 사전형 / Vない형 / イAい / ナA어간 / N + に越したことはない

ダイエットに運動に越したことはない。
다이어트에 운동보다 더 좋은 것은 없다.

風邪気味の時は寝るに越したことはない。
감기 기운이 있을 때는 자는 것이 최고다.

喧嘩しないで済むなら、それに越したことはない。
싸우지 않고 해결된다면 그보다 더 좋은 것은 없다.

運動 운동　風邪気味 감기 기운이 있는　喧嘩 싸움　済む ~로 끝나다, 해결되다

19. ~極まりない : ~이기 그지없다

き わ

~極まる의 형태로도 사용되며 '굉장히 ~하다' 라는 의미의 문어체 표현

ナA어간 / N + 極まりない

ある　　　　　めいわく
歩きスマホは迷惑極まりないことだ。

걸으며 스마트폰을 조작하는 것은 대단히 민폐다.

きけん　　　　　　いんしゅうんてん　あと　た
危険極まりない飲酒運転が後を絶たない。

위험하기 그지없는 음주운전이 끊이지 않는다.

こうじげんば　　あんぜんそうち　　　　　　ふあん
工事現場に安全装置がなくて不安極まりない。

공사 현장에 안전장치가 없어 너무 불안하다.

20. ~といったらない : 말할 수 없이 ~하다

~といったらありはしない, ~といったらありゃしない의 형태로도 사용

> V사전형 / イAい / ナA어간(だ) / N(だ) + といったらない

今月は残業続きで疲れる**といったらない**。

이번 달은 계속되는 야근으로 너무 피곤하다.

_____

_____

近所のコンビニが無くなって不便**といったらない**。

근처의 편의점이 없어져서 말할 수 없이 불편하다

_____

_____

今日の母の料理はおいしい**といったらなかった**。

오늘 어머니의 요리는 말할 수 없이 맛있었다.

_____

_____

残業 잔업, 야근   近所 인근, 근처   コンビニ 편의점   不便だ 불편하다

44

* ~てやまない는 어떤 감정을 '계속' 느끼고 있는 경우에 사용하고 ~を禁じ得ない는 어느 한순간에만 느낀 강한 감정을 표현할 때에도 사용할 수 있다는 점에서 다소 차이가 있습니다. ~禁じ得ない는 우려, 걱정 등 부정적인 감정에 주로 사용합니다.

* ~に越したことはない는 다른 어떤 것들을 다 비교해 보아도 이것보다 더 좋은 것은 없다, 즉 '최고다'라는 자신의 감정, 판단을 표현하는 문형입니다.

* ~極まりない는 '그 이상이 없을 정도로 매우 ~하다'라는 뜻의 문어체 표현이며, 비슷한 형태의 極まる도 같은 의미로 사용됩니다. 여기서 極まりない는 極まる의 부정형이 아니라 그 자체가 형용사입니다. 참고로 極まる의 부정형은 極まりない가 아닌 極まらない입니다.

* 極まりない는 앞에 명사, 혹은 な형용사의 어간이 오는 문어체 표현이시만 ~といったらない는 앞에 감정을 표현하는 단어가 오는 구어체 표현입니다.

21. ~(よ)うにも~ない
: ~하려 해도 ~ 할 수가 없다

본인은 ~하고 싶지만 주변 상황 때문에 할 수 없는 경우

> V의지형 + にも + Vない형 + ない

相手がいなくて結婚し**ようにも**出来**ない**。

상대가 없어서 결혼하려고 해도 할 수가 없다.

終電を逃してしまい、家に帰**ろうにも**帰れ**なかった**。

마지막 전철을 놓쳐서 집에 가려고 해도 갈 수 없었다.

韓国料理を作**ろうにも**日本では材料が手に入ら**ない**。

한국요리를 만들려고 해도 일본에서는 재료가 구해지지 않는다.

結婚 결혼　終電 마지막 전철　逃す 놓치다　材料 재료

22. ~べくもない : 전혀 ~할 여지도 없다

'~할 가능성이 없다' 라는 자신의 추측, 판단, 생각을 표현

V사전형 + べくもない (する는 すべく, するべく 모두 사용)

こんな成績では合格を望むべくもない。
이런 성적으로 합격은 기대할 여지도 없다.

彼が自分の過ちを認めることは期待すべくもない。
그가 자신의 잘못을 인정하는 것은 기대할 수도 없다.

証拠があるので犯人は犯行を否定すべくもない。
증거가 있으니 범인은 범행을 부정할 방도가 없다.

過ち 잘못 認める 인정하다 期待 기대 証拠 증거 犯行 범행 否定 부정

23. ~ずにはすまない : ~하지 않으면 안 된다

~ないではすまない로도 사용하며 '(상황상)~하지 않으면 해결되지 않는다' 라는 뜻

> Vない형 + ずにはすまない (する는 せずに)

🧑 交通違反で捕まった。 罰金を払わずにはすまないだろう。
교통법규 위반으로 잡혔다. 벌금을 내지 않으면 안 되겠지.

_____

_____

🧑 不正が発覚したからには責任を取らずにはすまない。
부정행위가 발각된 이상, 책임을 져야만 한다.

_____

_____

🧑 借りたCDを無くした時は弁償せずにはすみません。
빌린 CD를 잃어버렸을 때는 변상을 해야만 합니다.

_____

_____

👣 捕まる 붙잡히다 払う 지불하다 発覚 발각 責任を取る 책임을 지다 無くす 잃어버리다

48

24. ~ずにはおかない
: 꼭 ~할 것이다 or 항상 ~한다

~ないではおかない로도 쓰며 자신의 강한 의지, 혹은 예외가 없는 상황

> Vない형 + ずにはおかない (する는 せずに)

この映画は観客を感動させ**ずにはおかない**。

이 영화는 관객을 꼭 감동하게 만든다.

_____

_____

彼女は人の目を引き付け**ずにはおかない**ほど美しい。

그녀는 언제나 사람의 눈길을 끌 정도로 아름답다.

_____

_____

国民を裏切ったあの政治家、辞めさせ**ずにはおかない**。

국민을 배신한 저 정치인, 꼭 그만두게 할 것이다.

_____

_____

観客 관객 感動 감동 目を引き付ける 눈길을 끌다 裏切る 배신하다 政治家 정치인

49

25. ~を余儀_{よぎ}なくされる : ~하지 않을 수 없다

주변의 상황, 억압 등으로 '어쩔 수 없이 ~하게 되다' 라는 의미

> N + を余儀なくされる

👤 あの選手_{せんしゅ}は故障_{こしょう}で引退_{いんたい}を余儀なくされた。
그 운동선수는 부상으로 은퇴할 수밖에 없었다.

_____

_____

👦 小学校_{しょうがっこう}の時、父の転勤_{てんきん}で転校_{てんこう}を余儀なくされた。
초등학교 때, 아버지의 전근으로 인해 전학할 수밖에 없었다.

_____

_____

👤 大統領_{だいとうりょう}は国民_{こくみん}に非難_{ひなん}され、辞任_{じにん}を余儀なくされた。
대통령은 국민에게 비난을 받아 사임할 수밖에 없었다.

_____

_____

🐾 故障 (운동선수의)부상 引退 은퇴 転勤 전근 転校 전학 批判 비판 辞任 사임

* ~(よ)うにも~ない는 하고 싶어도 할 수가 없는 상황, ~べくもない는 하고 싶지만 실현될 가능성이 거의 없어 보인다는 본인의 '추측'을 나타냅니다.

* ~べくもない는 불가능해 보인다는 '추측'을 뜻하지만 ~べからざる(p.168 참고)는 '~할 수 없다'와 '~하면 안된다'라는 두 가지 의미로서 본인의 강한 '확신', '주장'을 표현합니다.

* ~ずにはすまない는 '사회적, 도덕적, 상식적인 것'이 전제가 됩니다. 즉, 사회적 통념상 ~하지 않으면 해결되지 않는다, ~해야만 한다는 뜻입니다. 비슷한 형태인 ~ずにはおかない는 '꼭 ~하겠다'라는 강한 주장을 할 때, 또는 '언제나 ~하고야 만다'라는 의미로서 항상 일어나는 상황을 설명할 때 사용합니다.

* ~を余儀なくされる는 본인의 의사와는 상관없이 주변 상황으로 인해 '~할 수밖에 없는 상황이 되다'라는 의미로, 과거의 일을 설명하는 것이기 때문에 실제 사용할 때는 ~を余儀なくされた의 형태기 됩니다. 사역형인 ~を余儀なくさせた는 '~할 수밖에 없도록 만들었다'라는 의미입니다.

6일차

26. ~に足(た)りない : ~할 가치가 없다

~할 필요가 없다, ~하기에는 부족하다, 시시하다, 보잘것
없다 등의 의미

V사전형 / N + に足りない

嘘(うそ)つきの彼の話(しん)は信(しん)じるに足りない。

거짓말쟁이인 그의 이야기는 믿을 가치가 없다.

証拠(しょうこ)もない、ただの噂(うわさ)だから恐(おそ)れるに足りない。

증거도 없는, 단순한 소문이니까 겁낼 필요 없다.

取(と)るに足りない夫婦喧嘩(ふうふけんか)だっだけど仲直(なかなお)りは難(むずか)しい。

대수롭지 않은 부부싸움이었지만 화해는 어렵다.

---

27. ~に(は)あたらない : ~할 만하지 않다

'~할 만한 일이 아니다' 라는 의미로 객관적으로도 당연한 결과, 사실

> V사전형 / N + に(は)あたらない

🎎 賭博で離婚された彼は同情するにあたらない。

도박으로 이혼당한 그는 동정할 가치가 없다.

_____

_____

🎎 世界1位の彼の優勝は驚くにはあたらない。

세계 1위인 그의 우승은 놀랄 만한 일이 아니다.

_____

_____

🎎 彼はコネで就職できたものだから、称賛にはあたらない。

그는 인맥을 통해 취직한 것이니 칭찬할 만하지는 않다.

_____

_____

🐾 賭博 도박　離婚 이혼　同情 동정　優勝 우승　驚く 놀라다　コネ 인맥　就職 취직　称賛 칭찬

28. ～には及ばない<ruby>及<rt>およ</rt></ruby> : ~할 정도는 아니다

'전혀 ~가 아닌 것은 아니지만 그렇다고 ~할 정도는 아니다' 라는 의미

> V사전형 / N + には及ばない

🎎 彼はサッカーが上手<ruby>上手<rt>じょうず</rt></ruby>だがプロになるには及ばない。

그는 축구를 잘하지만 프로가 될 정도는 아니다.

_____

_____

👶 転んで膝に傷ができたけど心配には及ばない。

넘어져 무릎에 상처가 났지만 걱정할 정도는 아니다.

_____

_____

🧑 このアクセサリは可愛いけど商品にするには及ばない。

이 액세서리는 귀엽지만 상품으로 팔 정도는 아니다.

_____

_____

🐾 転ぶ 넘어지다   膝 무릎   傷ができる 상처가 생기다   商品 상품

54

29. ~ても始(はじ)まらない : ~해도 소용없다

~을 하더라도 소용없으니 다른 방법을 찾는 것이 낫다는 의미

> Vて형 + も始まらない

心配(しんぱい)しても始まらないことは心配しない方がいい。
걱정해도 소용없는 일은 걱정하지 않는 편이 낫다.

_____

_____

もう決(き)まったことだから文句(もんく)を言(い)っても始まらないよ。
이미 결정된 것이니 불평을 해도 달라지지 않아.

_____

_____

試験(しけん)は終(お)わった。今更後悔(いまさらこうかい)して泣(な)いても始まらない。
시험은 끝났다. 이제 와서 후회하고 울어봐야 소용없다.

_____

_____

心配 걱정   文句を言う 불평하다   今更 이제와서   後悔 후회

55

30. ~ても差し支えない : ~해도 지장 없다

'~해도 괜찮다', '~해도 특별히 문제가 없다' 라는 상황, 의견을 전달

> Vて형 / イAくて / ナAで / Nで + も差し支えない

🧑 ご返事は遅くなっても差し支えありません。
답장은 늦어져도 괜찮습니다.

_____

_____

🧑 電話番号は記入しなくても差し支えありません。
전화번호는 기입하지 않아도 지장 없습니다.

_____

_____

🧑 その件はほぼ決まりと考えても差し支えないでしょう。
그 건은 거의 결정된 것으로 생각해도 괜찮을 것이다.

_____

_____

🌸 返事 답변, 답장   電話番号 전화번호   記入 기입   ほぼ 거의

56

* ~に足りない와 ~に(は)あたらない는 비슷한 의미이지만 ~に足りない는 '~하기에는 조건, 요소가 부족하므로 ~할 필요가 없다'는 주관적인 판단, 생각인 반면, ~に(は)あたらない는 '일반적인 일이기 때문에', '상식적으로 볼 때 당연하기에' ~할 필요가 없다는 것을 의미합니다.

* ~には及ばない와 비슷한 의미로는 p.104에 나오는 までもない도 자주 사용합니다. 단, ~には及ばない는 心配には及ばない(걱정할 정도는 아니다, 걱정할 필요는 없다)와 같이 명사와 직접 연결할 수 있지만 までもない 앞에는 동사 사전형만 올 수 있습니다.

* ~ても始まらない는 '~해도 소용없다'라는 의미로 주관적이고 부정적인 삼성이 포힘되어 있지만 '~ても差し支えない'는 '~해도 지장이 없다'로서 '~해도 별문제가 없는 상황이니 괜찮다'라는 것을 다소 소극적으로 설명하는 표현입니다.

31. ~だの~だの : ~라든가 ~라든가

큰 의미가 없거나 현실성이 없다고 생각하는 것을 예로 들어
나열할 때 사용

V 보통형 / イA 보통형 / ナA 보통형 / N 보통형 + だの

韓国にはローズデーだのキスデーだの、記念日が多すぎ。
한국에는 로즈데이, 키스데이 등 기념일이 너무 많다.

_____

_____

夫はまずいだの甘いだのと私の料理に文句ばかり言う。
남편은 맛없다, 달다 등 내 요리에 불평만 한다.

_____

_____

人工知能だのロボットだの、夢のようなニュースが多い。
인공지능이라든 둥 로봇이라는 둥 꿈 같은 뉴스가 많다.

_____

_____

記念日 기념일 まずい 맛없다 文句を言う 불평을 하다 人工知能 인공지능

32. ～といい～といい : ~도 그렇고, ~도 그렇고

'~와 ~은 물론 그 이외의 것도 모두' 라는 의미로 주관적인 생각을 전달

> N + といい + N + といい

🧑 彼は言葉遣いといい思いやりといい、本当にやさしい。

그는 말 씀씀이도 그렇고 배려심도 그렇고 정말 자상하다.

_____

_____

🧑 この店はチャーハンといい餃子といい、とてもおいしい。

이 가게는 볶음밥도 그렇고 만두도 그렇고 굉장히 맛있다.

_____

_____

🧑 彼女は独特な声といい豊富な表情といい、名優だ。

그녀는 독특한 목소리도 그렇고, 풍부한 표정도 그렇고 명배우다.

_____

_____

🐾 言葉遣い 말씀씀이 思いやり 배려(심) 餃子 만두 独特 독특 豊富 풍부 表情 표정 名優 명배우

33. ~といわず~といわず : ~나 ~뿐만 아니라

'~와 ~이외에 다른 것도 모두' 라는 의미로 객관적인 사실을 설명

N + といわず + N + といわず

彼は会議中といわず、歩き中といわず、スマホを手放さない。
그는 회의 중이나 걸을 때나 스마트폰을 손에서 놓지 않는다.

_____

_____

子供たちは顔といわず手といわず泥まみれだ。
아이들은 얼굴도 손도 모두 흙투성이다.

_____

_____

走ってきたら顔といわず首といわず汗でびっしょびっしょ。
뛰어 왔더니 얼굴도 목도 모두 땀으로 흠뻑.

_____

_____

会議 회의 歩き中 걷는 중 スマホ 스마트폰 手放す 손에서 놓다 泥 진흙

34. ～なり～なり : ~든 ~든

어떤 수단이나 방법을 제시하거나 조언할 때 주로 사용

V사전형 / N + なり

朝にはパン**なり**おにぎり**なり**なんか食べないと元気が出ない。

아침에는 빵이든 주먹밥이든 뭔가 먹지 않으면 기운이 안 난다.

一人で悩まないで先生**なり**親**なり**に相談してみて。

혼자 고민하지 말고 선생님한테든 부모님한테든 상담해 봐.

週末は映画を見に行く**なり**なん**なり**出かけることが多い。

주말은 영화를 보러 간다 뭐한다 하고 외출하는 일이 많다.

元気が出る 기운이 나다   悩む 고민하다   相談 상담   出かける 외출하다

35. ~であれ~であれ : ~든 ~든

'둘 중 어느 쪽이든 결국 ~한다' 라는 의미로 ~であれ를 한 번만 쓰기도 함

> N + であれ + N + であれ

明日は雨であれ雪であれ富士山を見に行くつもりだ。
내일은 비가 오든 눈이 오든 후지산을 보러 갈 생각이다.

_____

_____

男であれ女であれ自分の意見をはっきり言う人が好きだ。
남자든 여자든 자신의 의견을 확실히 말하는 사람이 좋다.

_____

_____

お菓子であれ何であれ甘いものは控えています。
과자든 뭐든 단 것은 삼가고 있습니다.

_____

_____

意見 의견　はっきり 확실히　お菓子 과자　控える 삼가하다

62

Tip

＊ Ａ だの Ｂ だの는 '~라는 둥 ~라는 둥'으로 번역할 수 있으며, 그것이 별 볼 일 없는 것 혹은 불가능한 것이라는 주관적인 생각이 담긴 표현입니다.

＊ Ａ であれ Ｂ であれ는 둘 중 하나를 선택하는 것이 아니라 'Ａ든 Ｂ든 양쪽 모두'라는 의미입니다. 하나만 예로 들어 男であれ大変なのは同じだ(남자라도 힘든 것은 마찬가지다)와 같이 쓸 수도 있습니다. 반면, Ａ なり, Ｂ なり는 둘 중 하나라도 괜찮고 그 이외의 다른 것이라도 괜찮다는 뜻이며 여러 가지 가운데 특히 추천하고 싶은 두 가지를 예로 들어 표현합니다.

＊ Ａ といい, Ｂ といい도 '양쪽 모두'라는 의미이지만 희망이나 요구 등을 나타내는 표현과 함께 쓰여 불만이 없고 '만족스럽다'라는 기분을 전달합니다. 다른 것도 마음에 들지만, 특히 강조하고 싶은 두 가지를 꼽아 말할 때 쓰는 문형입니다.

＊ 위의 표현들은 대수롭지 않다, 마음에 든다 등 말하는 사람의 감정이나 판단이 포함되는 표현이지만 Ａ といわず Ｂ といわず는 객관적인 사실, 상황을 설명할 때 사용한다는 점에서 차이가 있습니다.

36. ~がてら : ~하는 김에

AがてらB에서 주요 목적은 A이지만 A를 하는 김에 B도 같이 하는 것

> Vます형 / N + がてら

散歩がてら、晩ご飯の弁当を買ってきた。
산책하는 김에 저녁으로 먹을 도시락을 사 왔다.

_____

_____

ドライブしがてら紅葉の写真も撮ってみましょう。
드라이브하는 김에 단풍 사진도 찍어봅시다.

_____

_____

北海道への出張がてら何日間旅行をすることにした。
홋카이도로 출장을 가는 김에 며칠 여행을 하기로 했다.

_____

_____

散歩 산책　弁当 도시락　紅葉 단풍　撮る(사진,영상)찍다　北海道 홋카이도　出張 출장

37. ~かたがた : ~할 겸

'~와 ~를 겸해서' 라는 의미로 주로 편지, 메일 등에서 관용구로 사용

N + かたがた

ご挨拶かたがた伺いました。

인사를 드릴 겸 찾아뵈었습니다.

お詫びかたがたご返事申し上げます。

사죄를 겸하여 답장을 보냅니다.

皆様にもお礼かたがたご挨拶をお伝え下さい。

모두에게도 감사와 함께 인사를 전해 주십시오.

挨拶 인사 伺う 찾아 뵙다 詫び 사죄, 사과 返事 답장, 답변 お礼 감사인사

38. ~かたわら : ~하는 한편으로

주업과 부업을 표현. 동시 동작의 의미로는 사용하지 않음

> V사전형 / Nの + かたわら

彼女は会社に通うかたわら弁護士の勉強をしている。
그녀는 회사에 다니는 한편 변호사 공부를 하고 있다.

_____

_____

彼女は歌手活動のかたわら、ボランティアにも熱心だ。
그녀는 가수활동을 하는 한편 봉사활동에도 열심이다.

_____

_____

友達は子育てのかたわら起業の準備をしている。
친구는 아이를 키우면서 창업을 준비하고 있다.

_____

_____

弁護士 변호사 ボランティア 봉사활동 熱心 열심 子育て 육아 起業 창업

39. ~めく ： ~다워지다

대부분 긍정적 의미로 사용. ~めいた는 '~한 요소가 강한'이라는 뜻

N + めく

🎎 今月になってからは日差しがずいぶん春めいてきた。
이번 달 들어서는 햇볕이 꽤 봄다워졌다.

_____

_____

👦 母の話は、最初はアドバイスだったがどんどん説教めいてきた。
엄마의 이야기는 처음에는 조언이었지만 점점 설교 같아졌다.

_____

_____

🎎 毎日、高利貸しから脅迫めいた電話がかかってくる。
매일 사채업자로부터 협박과 같은 전화가 걸려 온다.

_____

_____

40. ~びる : ~스러워지다

'~같이 행동하다', '~같은 상태가 되다' 라는 의미로 대부분 부정적 의미

イA어간 / N + びる

🦰 このバックも結構古^{けっこう}びてきたね。

이 가방도 꽤 낡았네.

_____

_____

🧑 ここは本当に東京^{とうきょう}かと思うほど田舎^{いなか}びている。

여기는 정말 도쿄인가 싶을 정도로 시골스럽다.

_____

_____

🧑 格好^{かっこう}ばかり大人^{おとな}びて精神^{せいしん}はまだ子供のような人もいる。

겉모습만 어른스러워지고 정신은 아직 아이 같은 사람도 있다.

_____

_____

🍡 結構 꽤, 상당히 田舎 시골 格好 겉모습 精神 정신

Tip がてら & かたがた & かたわら

* ~がてら는 회화에서 많이 쓰이는 ついでに와 의미는 같지만 다소 딱딱한 표현입니다. ~かたがた는 ~がてら보다도 훨씬 더 정중한 표현으로, 손윗사람을 방문하거나 사과인사를 할 때, 편지나 공식적인 자리 등에서 주로 사용합니다.

* ~かたわら는 개인적인 일보다 여러 가지 '사회활동'을 동시에, 계속해서 하고 있는 상황을 설명합니다.

めく & びる

* ~めく와 ~びる는 둘 다 '~스러운', '~다운' 등으로 번역됩니다. 단, びる는 '~에 가까운 모습, 상태가 되다, ~에 가깝게 행동하게 되다'라는 의미지만 ~めく는 '그것이 가진 본래의 특징이 뚜렷하게 드러나다'라는 의미로서 다소 차이가 있습니다.

* 예를 들어 古びて는 새것이었다가 낡아진 것이지, 본래 갖고 있던 낡은 특징이 드러나게 된 것이 아니므로 ~めく가 아닌 ~びる를 사용합니다. 秋めいてきた는 가을이 본래 가진 특징(단풍, 가을바람 등)이 확실히 드러나기 시작했다는 의미입니다.

41. ~まみれ : ~투성이

먼지, 피, 모래 등 지저분하거나 부정적인 것이 가득 붙어
있는 모습

> N + まみれ

車に引かれた猫は血まみれだった。

차에 치인 고양이는 피투성이였다.

_____

_____

引越しのせいで服が埃まみれになった。

이사를 하느라 옷이 먼지투성이가 되었다.

_____

_____

いくら頑張っても借金まみれの生活から抜け出せない。

아무리 열심히 해도 빚투성이 생활에서 벗어날 수가 없다.

_____

_____

引く (차로)치다 引越し 이사 埃 먼지 借金 빚 抜け出す 벗어나다

42. ~ずくめ : ~일색의, 온통 ~인

대부분이 ~로 가득 차 있는 상태, 혹은 어떤 일이 연달아 일어나는 상황

> N + ずくめ

🉐 誰の人生も良いことずくめではない。

누구의 인생이나 좋은 일만 가득한 것은 아니다.

_____

_____

🉐 あの黒ずくめの男、なんか怪しくない？

저 온통 검은색 복장의 남자, 뭔가 수상하지 않아?

_____

_____

🉐 就職、結婚など今年は幸せずくめの年でした。

취직, 결혼 등 올해는 행복이 가득한 해였습니다.

_____

_____

🐾 怪しい 수상한   卒業 졸업   結婚 결혼

43. ~ぐるみ : ~모두

'~을 포함해 몽땅' 이라는 의미로서 일부가 아닌 그 전체

N + ぐるみ

あの友達とは家族ぐるみの付き合いをしている。

그 친구와는 가족 전체가 함께 어울리며 지낸다.

_____

_____

町ぐるみで祭りの準備に取り組んでいる。

마을 전체가 마쓰리 준비에 힘을 쏟고 있다.

_____

_____

会社ぐるみのいじめのため、退職してしまった。

회사 차원의 따돌림 때문에 퇴직하고 말았다.

_____

_____

付き合いをする 사귀다, 어울리다   取り組む 추진하다   退職 퇴직

72

44. ~なりとも : ~만이라도

'최소한 ~라도' 라는 의미로 뒤에는 주로 부탁, 바람 등의 표현이 옴

N + なりとも

🌸 多少なりとも皆に役に立つことを願っております。

조금이라도 모두에게 도움이 되기를 바라고 있습니다.

_____

_____

🌸 ラーメンに卵を入れると栄養価を多少なりとも高められる。

라면에 계란을 넣으면 영양가를 조금이나마 높일 수 있다.

_____

_____

🌸 お顔なりとも伺いたいのですが…。

최소한 얼굴만이라도 뵙고 싶습니다만….

_____

_____

🌸 願う 바라다, 빌다　役に立つ 도움이 되다　栄養価 영양가　伺う 뵙다

45. ~たりとも : 단 ~조차도

앞에 '한 번', '1초' 등 최소의 단위가 나와 '다른 것은 물론이고 ~조차'

N + たりとも

私は取引先から一円たりとももらっていません。
나는 거래처에서 단 1엔도 받지 않았습니다.

_____

_____

1秒たりとも無駄に使わないように。
단 1초도 헛되게 쓰지 않도록.

_____

_____

赤ちゃんからは一瞬たりとも目を離すことができない。
갓난아기에게서는 단 한 순간도 눈을 뗄 수가 없다.

_____

_____

取引先 거래처   無駄に 헛되게   一瞬 잠깐   離す (눈, 손 등을) 떼다

74

まみれ & ずくめ & ぐるみ

* まみれ는 흙, 땀, 피, 먼지 등 '크기가 작고 좋지 않은 것'이 전체에 붙어 있는 경우, ずくめ는 다른 것은 없고 특정한 것 하나만이 전체를 다 차지하고 있는 경우입니다.

* ~まみれ는 피, 땀 등 액체에 대해서도 사용하지만 ~ずくめ는 사용하지 않습니다. ずくめ는 주로 검은색, 청색 등 색상이나 좋은 일, 기쁜 일 등 생활 속 경험 등에 사용됩니다.

* ~ぐるみ는 '일부가 아닌 전체'를 뜻합니다. 가장 많이 사용되는 家族ぐるみ는 가족 중 몇 명이 아니라 '가족 전체', 会社ぐるみ는 '회사 전체'를 뜻합니다.

なりとも & たりとも

* なりとも는 '최소한 ~만이라도(가능하다면 그 이상)'라는 뜻으로 최소한의 기준을 말하며 뒤에는 희망, 부탁 등의 내용이 옵니다. 반면 ~たりとも는 '다른 것은 당연하고 ~조차도'라는 뜻으로서 앞에는 주로 1초, 1엔저럼 최소 단위 숫자 등이 니옵니다.

Chapter1 **Review**

1. **~を機に** : ~을 계기로
   彼女は結婚を機に仕事を辞めてしまった。

2. **~を皮切りに** : ~을 시작으로
   あの歌手は日本を皮切りにワールドツアーを始めた。

3. **~てからというもの** : ~한 이후로 계속
   運動を始めてからというもの、風邪を引かなくなった。

4. **~が最後** : ~했다 하면
   母は小言を言い始めたが最後、何時間も続ける。

5. **~ゆえに**：~로 인해서

若^{わか}い時^{とき}は、未熟^{みじゅく}さの**ゆえに**失敗^{しっぱい}することも多い。

6. **~なり**：~하자마자

彼はコーヒーを一口^{ひとくち}飲^のむ**なり**、吐^はき出^だしてしまった。

7. **~が早いか**：~하자마자

雷^{かみなり}が鳴^なる**が早いか**、ザアザアと雨が降^ふり始^{はじ}めた。

8. **~そばから**：~하는 족족 (반복)

来週^{らいしゅう}が試験^{しけん}なのに、漢字^{かんじ}を覚^{おぼ}える**そばから**忘^{わす}れてしまう。

9. **~や否や**：~하자마자

玄関^{げんかん}のドアを開^あける**や否や**犬が飛^とんできた。

77

10. **~と決まって** : ~하면 항상

夢で元彼を見ると決まって悪いことが起きる。
(ゆめ もとかれ わる お)

11. **~をおいて** : ~을 빼 놓고

彼に告白するなら今をおいて他にはない。
(こくはく ほか)

12. **~はさておき** : ~은 뒤로 미루고

冗談はさておき、今後どうするかを決めましょう。
(じょうだん こんご き)

13. **~をよそに** : ~을 무시하고

息子は親の心配をよそに毎晩ゲームを楽しんでいる。
(しんぱい まいばん たの)

14. **~をものともせず** : ~을 개의치 않고

消防士は死の危険をものともせず火の中に飛び込んだ。
(しょうぼうし きけん ひ なか と こ)

15. **~いかんによらず** : ~여부와 상관없이

理由(りゆう)の いかんによらず 、暴力(ぼうりょく)は許(ゆる)せない。

---

16. **~てやまない** : 한없이 ~하다

私が愛(あい)してやまないイチゴケーキを家で作ってみた。

---

17. **~を禁じ得ない** : ~을 금할 길이 없다

たくさんの人を殺(ころ)したテロリストに怒(いか)りを禁じ得ない。

---

18. **~に越したことはない** : ~보다 나은 것은 없다

ダイエットに運動(うんどう)に越したことはない。

---

19. **~極まりない** : ~이기 그지없다

歩(ある)きスマホは迷惑(めいわく)極まりないことだ。

---

20. **~といったらない** : 말할 수 없이 ~하다

今月は残業続きで疲れる**といったらない**。

ざんぎょうつづ つか

---

21. **~(よ)うにも~ない** : ~하려 해도 ~ 할 수가 없다

相手がいなくて結婚し**ようにも**出来**ない**。

あいて けっこん でき

---

22. **~べくもない** : 전혀 ~할 여지도 없다

こんな成績では合格を望む**べくもない**。

せいせき ごうかく のぞ

---

23. **~ずにはすまない** : ~하지 않으면 안 된다

交通違反で捕まった。罰金を払わ**ずにはすまない**だろう。

こうつういはん つか ばっきん はら

---

24. **~ずにはおかない** : 꼭 ~할 것이다 or 항상 ~한다

この映画は観客を感動させ**ずにはおかない**。

えいが かんきゃく かんどう

---

25. **~を余儀なくされる**：~하지 않을 수 없다

あの選手(せんしゅ)は故障(こしょう)で引退(いんたい)を余儀なくされた。

26. **~に足りない**：~할 가치가 없다

嘘(うそ)つきの彼の話は信(しん)じるに足りない。

27. **~に(は)あたらない**：~할 만하지 않다

賭博(とばく)で離婚(りこん)された彼は同情(どうじょう)するにあたらない。

28. **~には及ばない**：~할 정도는 아니다

彼はサッカーが上手(じょうず)だがプロになるには及ばない。

29. **~ても始まらない**：~해도 소용없다

心配(しんぱい)しても始まらないことは心配しない方がいい。

30. ~ても差し支えない : ~해도 지장 없다

ご返事（へんじ）は遅（おそ）くなっ**ても差し支えありません**。

---

31. ~だの~だの : ~라든가 ~라든가

韓国（かんこく）にはローズデー**だの**キスデー**だの**、記念日（きねんび）が多すぎ。

---

32. ~といい~といい : ~도 그렇고, ~도 그렇고

彼は言葉遣（ことばづか）い**といい**思（おも）いやり**といい**、本当（ほんとう）にやさしい。

---

33. ~といわず~といわず : ~나 ~뿐만 아니라

彼は会議中（かいぎちゅう）**といわず**、歩（ある）き中（ちゅう）**といわず**、スマホを手放（てばな）さない。

---

34. ~なり~なり : ~든 ~든

朝（あさ）にはパン**なり**おにぎり**なり**なんか食べないと元気（げんき）が出（で）ない。

---

35. ~であれ~であれ : ~든 ~든

明日は雨であれ雪であれ富士山を見に行くつもりだ。

---

36. ~がてら : ~하는 김에

散歩がてら、晩ご飯の弁当を買ってきた。

---

37. ~かたがた : ~할 겸

ご挨拶かたがた伺いました。

---

38. ~かたわら : ~하는 한편으로

彼女は会社に通うかたわら弁護士の勉強をしている。

---

39. ~めく : ~다워지다

今月になってからは日差しがずいぶん春めいてきた。

---

40. **〜びる** : 〜스러워지다

このバックも結構古<ruby>古<rt>けっこう</rt></ruby>びてきたね。

---

41. **〜まみれ** : 〜투성이

車<ruby><rt>ひ</rt></ruby>に引かれた猫<ruby>猫<rt>ねこ</rt></ruby>は血<ruby>血<rt>ち</rt></ruby>まみれだった。

---

42. **〜ずくめ** : 〜일색의, 온통 〜인

誰<ruby>誰<rt>だれ</rt></ruby>の人生<ruby>人生<rt>じんせい</rt></ruby>も良<ruby>良<rt>よ</rt></ruby>いことずくめではない。

---

43. **〜ぐるみ** : 〜모두

あの友達<ruby>友達<rt>ともだち</rt></ruby>とは家族<ruby>家族<rt>かぞく</rt></ruby>ぐるみの付<ruby>付<rt>つ</rt></ruby>き合<ruby>合<rt>あ</rt></ruby>いをしている。

---

44. **〜なりとも** : 〜만이라도

多少<ruby>多少<rt>たしょう</rt></ruby>なりとも皆<ruby>皆<rt>みな</rt></ruby>に役<ruby>役<rt>やく</rt></ruby>に立<ruby>立<rt>た</rt></ruby>つことを願<ruby>願<rt>ねが</rt></ruby>っております。

---

45. **~たりとも** : 단 ~조차도

私は取引先_{とりひきさき}から一円_{いちえん}たりとももらっていません。

재판에서 형량을 결정하기도 하는
~ている

일본어에서는 '현재 진행형'이라고 말하는 ~ている가 매우 많이 사용됩니다. 한국어에서는 그냥 '~한다'라고 말하는 것을 일본어에서는 ~ている를 써서 표현하는 경우가 많습니다. 예를 들어 "사랑한다"는 愛している, "비가 온다"는 雨が降っている, "결혼하셨어요?"는 結婚していますか라고 말합니다.

이처럼 일본어에서 ~ている를 많이 사용하는 이유 중 하나는 일본어의 동사에 '현재형'이 없기 때문입니다. 문법적인 형태를 기준으로 하여 '미래형'이 없다고 설명하기도 하지만 의미상으로 보면 '현재형'이 없다고 할 수 있습니다.

예를 들어 신문기사를 보면, 어떤 기업이 '신제품을 발매할 예정이다'라는 표현은 동사의 사전형(현재형)을 써서 '発売する'라고 합니다. 어떤 전략을 '검토할 예정이다'라는 것도 '検討する'라고만 씁니다. 즉, 동사 사전형을 쓰면 기본적으로 '미래'를 의미합니다.

'상태 지속'을 의미하는 ~ている

동사의 형태가 아니라 의미를 기준으로 보면 '미래형'은 있지만 '현재형'은 없는 셈입니다. 이것을 보완하는 것이 바로 ~ている입니다. ~ている는 '~하고 있는 중이다'라는 현재 진행의 의미도 있지만 '어떤 상태가 계속되고 있다', '현재도 ~한 상태다'라는 '상태 지속' 의미도 있습니다. 이 같은 '상태 지속'의 ~ている를 현재형을 대신해 사용합니다.

결혼의 경우, 結婚しています는 '현재 결혼을 하고 있는 중이다'라는 현재 진행형이 아니라 '현재 결혼한 상태이다', '결혼 상태가 지금도 유지되고 있다'라는 의미입니다. 단순히 結婚しました라고만 하면 결혼을 해서 지금도 계속 같이 살고 있는 것인지, 이혼을 했는지 확실하게 알 수 없습니다.

법정 통역에서 정말 중요한 ~ている

~ている 표현이 왜 중요한지를 설명할 때 결혼과 함께 꼭 함께 거론되는 이야기가 있습니다.

바로 범죄 용의자의 재판에서 하는 법정 통역 이야기입니다. 어떤 살인 용의자에게 재판관이 "그 때 그 사람을 죽였나?"라고 물으면 한국어에서는 "죽이지 않았습니다"라고 말하지만 이 말을 일본어로 통역할 때는 꼭 殺していません이라고 해야 합니다.

한국어와 같이 殺しませんでした라고 하면 '그 때는' 죽이지 않았다는 것을 의미할 뿐 그 이후에는 죽였는지 아닌지 알 수 없습니다. ~ている를 써서 殺していません이라고 해야만 '죽이지 않았고, 죽이지 않은 상태가 지금까지 이어지고 있다', 즉 나는 죽인 적이 없다는 의미가 됩니다. 결국 까다로운 재판에서는 이런 통역사의 말 한마디로 인해 형량이 바뀔 수도 있다고 이야기합니다.

MEMO

Chapter

2

여러 가지
의미가 있는 단어들

46. もの

(1) ～というもの : ～동안이나

어떤 기간을 말하는 것으로 그 기간이 매우 길게 느껴진다는 감정을 포함

> N + というもの

あの先輩とは10年というもの、会っていない。

그 선배와는 10년이나 만나지 못하고 있다.

ここ一ヶ月間というもの、日本語の勉強を休んでいる。

최근 한 달 동안이나 일본어 공부를 쉬고 있다.

彼は一年間というもの、一人で海外旅行をしてきた。

그는 1년간이나 혼자서 해외여행을 하고 왔다.

先輩 선배   勉強 공부   海外 해외   旅行 여행

(2) ～ものを : ～했을텐데

문장 끝에 쓰여 '~하면 ~했을 것을' 이라는 안타까움, 아쉬움을 표현

V보통형 / イA보통형 / ナA명사수식형 + ものを

雨に降られたの？電話したら迎えに行ったものを。
비 맞았어? 전화하면 데리러 갔을 텐데.

遅くなる時はメールでもくれればいいものを。
늦어질 때는 문자라도 보내주면 좋을 텐데.

行きたくなかったなら嫌だと言えばいいものを。
가기 싫었으면 싫다고 말하면 좋았을 것을.

雨に降られる 비를 맞다　迎えに行く 마중나가다　嫌だ 싫다

(3) ~ものとする : ~하는 것으로 하다

'~라고 생각하다', 혹은 '~라고 정하다' 라는 의미로 계약서 등에서 자주 사용

V보통형 + ものとする

契約者はこの部屋でペットを飼わないものとする。

계약자는 이 방(집)에서 애완동물을 기르지 않기로 한다.

雇用契約の延長は相互の同意によるものとする。

고용계약 연장은 상호 동의에 따라 하는 것으로 한다.

私は参加できないものとして約束時間を決めて。

나는 참가 못 하는 걸로 생각하고 약속시간을 정해.

契約者 계약자 飼う (동물을)키우다 雇用 고용 契約 계약 延長 연장 相互 상호 参加 참가

(4) ～ないものでもない : ～할 수 없는 것도 아니다

'~하지 못할 것도 없다', 즉 할 수도 있다는 것을 강조하는 표현

> Vない형 + ないものでもない

難（むずか）しい試験（しけん）だけど頑張（がんば）れば合格（ごうかく）できないものでもない。
어려운 시험이지만 열심히 하면 합격 못 할 것도 아니다.

_____

_____

あのくらいの山（やま）なら登（のぼ）れないものでもない。
저 정도의 산이라면 오르지 못할 것도 없다.

_____

_____

ぜひ来（き）てほしいというなら行（い）けないものでもないが。
꼭 와 달라고 말한다면 못 갈 것도 없지만.

_____

_____

試験 시험　頑張る 노력하다　合格 합격　登る (높은 곳에)오르다

(5) よく (も) ～ものだ : 용케도 ～했구나

어렵거나 불가능해 보이는 것을 해낸 상대를 칭찬, 감탄할 때 주로 사용

よく (も) + V사전형 / Vた형 + ものだ

この問題本当に難しいね。**よくも**解けた**ものだ**。
이 문제 정말 어렵네. 용케도 풀었네.

_____

_____

たった 4 歳の子供が**よく**一人で帰ってきた**ものだ**。
겨우 4살인 아이가 용케 혼자서 집에 왔구나.

_____

_____

いつも授業をサボっていた彼が**よくも**合格した**ものだ**。
언제나 수업을 빼먹던 그가 용케도 합격했구나.

_____

_____

🌸 解ける (문제를)풀다　授業 수업　サボる (수업 등을)빼먹다　合格 합격

94

MEMO

47. こと

(1) ～こととて : ～이므로

'～라서', '～이오니' 등 이유를 나타내는 정중한 표현으로서
사과나 부탁을 할 때 주로 사용

V보통형 / イA보통형 / ナA명사수식형 / Nの + こととて

きゅう きゅうぎょう   たいへん もう   わけ
急な休業のこととて、大変申し訳ございません。
갑자기 휴업하게 되어 대단히 죄송합니다.

———————————————————————————

———————————————————————————

        はじ   よろ   ねが いた
日本が初めてのこととて、どうも宜しくお願い致します。
일본이 처음이오니 부디 잘 부탁드립니다.

———————————————————————————

———————————————————————————

な   がんば   でき
慣れぬこととて、頑張りましたがこれしか出来ませんでした。
익숙하지 않은 일이라 열심히 했습니다만 이것밖에 못했습니다.

———————————————————————————

———————————————————————————

休業 휴업   大変 매우, 대단히   初めて 처음   慣れる 익숙해지다

(2) ~ことなしに(は) : ~하지 않고(는)

'~하는 일 없이(는)' 라는 뜻으로 ~ことなく도 같은 의미로 자주 사용

V사전형 + ことなしに(は)

🧒 友達は少しもためらうことなしにお金を貸してくれた。

친구는 조금도 망설이지 않고 돈을 빌려주었다.

_____

_____

😛 まだ辞書を引くことなしには翻訳が出来ない。

아직 사전을 찾지 않고는 번역을 할 수 없다.

_____

_____

😊 ホテルでは敬語を覚えることなしには仕事が出来ない。

호텔에서는 높임말을 익히지 않고서는 일을 할 수 없다.

_____

_____

🐾 ためらう 주저하다 貸す 빌려주다 辞書を引く 사전을 찾다 翻訳 번역 敬語 높임말, 존댓말

97

(3) ~たことにする : ~한 셈 치다

실제로는 ~하지 않았지만 '~한 것으로 생각하다' 라는 의미

V た형 + ことにする

今回(こんかい)のことはなかったことにしましょう。
이번 일은 없었던 일로 합시다.

別(べつ)にいいよ。奢(おご)ってもらったことにしよう。
괜찮아. 대접받은 셈 치자.

食(た)べ過(す)ぎをなかったことにしてくれるダイエットサプリが人気(にんき)だ。
과식을 없었던 것으로 해주는 다이어트 보조제가 인기다.

🍊 奢る (식사를)대접하다, 한턱내다　食べ過ぎ 과식　サプリ(メント) 건강보조식품

(4) ~ことだし : ~이기도 하니까

여러 가지 이유에 또 하나의 이유를 추가로 말할 때 사용하는 표현

> V보통형 / イA보통형 / ナA보통형 / N보통형 + ことだし
> (단, ナAだ → ナAである, Nだ → Nである)

🧒 風邪だから今日はジムを休もう。寒いことだし。
감기니까 오늘은 헬스장 (가는 거) 쉬자. 춥기도 하니.

_____

_____

🧑 真面目に勉強していることだし、いい結果が出るでしょう。
착실하게 공부도 하고 있으니 좋은 결과가 나오겠지요.

_____

_____

🧑 就職も出来たことだし、そろそろ結婚を考えてみたら?
취직도 되었으니 슬슬 결혼을 생각해보는 게 어때?

_____

_____

🌸 ジム 헬스장 真面目に 성실하게 就職 취직 結婚 결혼

99

(5) ~ことはないにしても : ~하는 일은 없다고 해도

극단적 상황을 예로 들어 ~까지는 아니더라도 다른 무언가가 있음을 추측

> V사전형 / Vない형 + ことはないにしても

🙎 一回のミスで首になる<mark>ことはないにしても</mark>評価は下がる。

한 번의 실수로 해고당하지는 않더라도 평가는 낮아진다.

_____

_____

🙎 彼が予選落ちする<mark>ことはないにしても</mark>優勝は難しい。

그가 예선 탈락하는 일은 없다고 해도 우승은 어렵다.

_____

_____

🙎 指の怪我で仕事が出来ない<mark>ことはないにしても</mark>、不便だ。

손가락을 다쳤다고 일을 할 수 없는 것은 아니지만 불편하다.

_____

_____

😀 首になる 해고당하다 評価 평가 予選落ち 예선 탈락 優勝 우승 指 손가락 怪我 상처 不便 불편

MEMO

48. まで

(1) ～てまで ： ～하면서까지

'～까지 해서 ～하다' 라는 의미로, 부정적인 자신의 의견을 표현

> Vて형 + まで

友達を裏切ってまで成功したくはない。
친구를 배신하면서까지 성공하고 싶지는 않다.

_____

_____

体を壊してまで働くのは愚かなことだ。
몸을 망가뜨리면서까지 일하는 것은 어리석은 일이다.

_____

_____

ゲーム機をお金を貸してまで買うなんて理解できない。
게임기를 돈을 빌려서까지 사다니 이해할 수 없다.

_____

_____

裏切る 배신하다　成功 성공　壊す 망가뜨리다　働く 일하다　愚かな 어리석은　理解 이해

(2) ～ないまでも : ～까지는 아니더라도

~까지는 아니더라도 그와 비슷한 무언가에 해당하는 것을 제시

Vない형 + ないまでも

げんち　　　　 い　　　　　　　　　　　　　　　　　　　　　 かか　　　　　　　しごと
現地には行けないまでも、日本と関わりのある仕事がしたい。

현지에는 가지 못하더라도 일본과 관련된 일을 하고 싶다.

_____

_____

はんにん　　　　だんてい　　　　　　　　　　　　 あや　　ところ
彼が犯人だと断定はできないまでも、怪しい所はある。

그가 범인이라고 단정은 할 수는 없어도 수상한 부분은 있다.

_____

_____

　　　　　 いはん
ルール違反とは言わないまでも、マナー違反とは言える。

규칙 위반이라고 하지는 않더라도 매너 위반이라고 할 수는 있다.

_____

_____

現地 현지　関わり 관련　犯人 범인　断定 단정　怪しい 수상한　違反 위반

(3) ～までもない : ～할 필요도 없다

'~할 필요가 없다', '당연하다' 라는 의미를 강조할 때 사용

> V사전형 + までもない

🙎 タバコが健康に悪いのは言うまでもない。
담배가 건강에 나쁘다는 것은 말할 필요도 없다.

_____

_____

🙂 簡単な機械だから説明書を読むまでもない。
간단한 기계이니 설명서를 읽을 필요도 없다.

_____

_____

🙂 あのチームがまた勝った？まぁ、驚くまでもないけどね。
저 팀이 또 이겼어? 뭐, 놀랄 것까지도 없지만.

_____

_____

🍎 健康 건강　機械 기계　説明書 설명서　勝つ 이기다　驚く 놀라다

(4) ~たらそれまでだ : ~하면 그것으로 끝이다

~ばそれまでだ로도 쓰이며 ~하면 더 이상 해결할 방법이 없다는 뜻

> Vたら형 / Vば형 + それまでだ

🙎 いくらお金があっても病気で倒れたらそれまでだ。
아무리 돈이 있어도 병으로 쓰러지만 그것으로 끝이다.

_____

_____

🙎 あの先生は本当に厳しい。嘘がバレたらそれまでだ。
저 선생님은 정말로 엄격하다. 거짓말이 들키면 끝이다.

_____

_____

🙎 この試合で負ければそれまでだ。頑張ろう！
이 시합에서 지면 그것으로 끝이다 힘내자!

_____

_____

🍡 倒れる 쓰러지다　厳しい 엄격하다　嘘 거짓말　バレる 들키다　負ける 지다

(5) ～まで(のこと)だ : ~하면 그만이다

'~가 불가능하면 ~할 수밖에 없으니 그렇게 하면 된다' 라는 주관적 생각

V사전형 + までだ

しゅうでん のが   かえ
終電を逃したらタクシーで帰る**までだ**。

마지막 전철을 놓치면 택시 타고 가면 그만이다.

_____

_____

こんかい ふごうかく   こんど   ちょうせん
今回不合格だったら、今度また挑戦する**までだ**。

이번에 불합격하면 다음에 다시 도전하면 된다

_____

_____

しゅうしょく   きぎょう
就職が出来なかったら起業する**までのことだ**。

취직이 안되면 창업하면 그만이다.

_____

_____

MEMO

49. 言(い)う

(1) ~とはいえ : ~라고 해도

'아무리 ~라고 할지라도' 라는 의미로서 예상, 기대와 다른
결과에 주로 사용

> V보통형 / イA보통형 / ナA보통형 / N보통형 + とはいえ
> (ナA, N 뒤의 だ는 생략 가능)

お金(かね)が欲(ほ)しいとはいえ、盗(ぬす)むわけにはいかない。
돈이 필요하다고 해도 훔칠 수는 없다.

体調不良(たいちょうふりょう)だったとはいえ連絡(れんらく)もしないで来ないって。
몸이 안 좋았다고 해도 연락도 없이 안 오다니.

美(うつく)しくなりたい。とはいえ整形手術(せいけいしゅじゅつ)までする気(き)はない。
예뻐지고 싶다. 그렇다고 해서 성형수술까지 할 마음은 없다.

😺 盗む 훔치다　体調不良 몸 컨디션이 좋지 않은 것　連絡 연락　整形手術 성형수술

(2) 〜といえども : 〜이기는 하지만

'〜라 할지라도', '〜한 상황이기는 하지만'의 의미로 정중한 고어체 표현

> V보통형 / イA보통형 / ナA보통형 / N보통형 + といえども
>
> (ナA, N 뒤의 だ는 생략 가능)

泰山(たいざん)がいかに高いといえども天(てん)の下(した)にある。

태산이 아무리 높다고 해도 하늘 아래에 있다.

強(つよ)く見える父(ちち)といえども弱(よわ)いところはあるはずだ。

강해 보이는 아버지라고 해도 약한 부분은 있을 것이다.

大統領(だいとうりょう)といえども、やってはいけないことがあります。

대통령이라 할지라도 해서는 안 되는 일이 있습니다.

泰山 태산(중국 산둥성에 있는 산)　天の下 하늘 아래　大統領 대통령

(3) ～かというと : ～인가 하면

'～かというと～ない(~인가 하면 꼭 ~하지도 않다)'의 형태로 많이 쓰임

```
V보통형 / イA보통형 / ナA보통형 / N + かというと
```

本を読むと誰でも作家になれる<mark>かというと</mark>、そうでもない。
책을 읽으면 누구나 작가가 될 수 있는가 하면 그렇지도 않다.

私はどちら<mark>かというと</mark>友達が多い方ではありません。
나는 어느 쪽인가 하면(굳이 말하자면) 친구가 많은 편은 아닙니다.

彼女に振られた。なぜ<mark>かというと</mark>私の浮気がバレたから。
여자친구한테 차였다. 왜냐하면 내가 바람 핀 것을 들켜서.

作家 작가 振られる (이성에게)차이다 浮気 바람, 불륜 バレる 들키다

(4) ～というよりむしろ : ～보다 오히려

둘 중에서 어느 한 쪽으로 더 치우친다는 자신의 생각을 표현할 때 사용

V보통형 / イA보통형 / ナA보통형 / N보통형 + というよりむしろ
(ナA, N 뒤의 だ는 생략 가능)

彼はもう歌手<ruby>歌手<rt>かしゅ</rt></ruby>というよりむしろ俳優<ruby>俳優<rt>はいゆう</rt></ruby>だ。

그는 이제 가수라기보다는 배우다.

彼は歌<ruby>歌<rt>うた</rt></ruby>っているというよりむしろ絶叫<ruby>絶叫<rt>ぜっきょう</rt></ruby>しているようだ。

그는 노래하고 있다기보단 절규하는 것같다.

一方的<ruby>一方的<rt>いっぽうてき</rt></ruby>な連絡<ruby>連絡<rt>れんらく</rt></ruby>は愛情<ruby>愛情<rt>あいじょう</rt></ruby>というよりむしろストーカーに近<ruby>近<rt>ちか</rt></ruby>い。

일방적인 연락은 애정이라기보다 스토커에 가깝다.

歌手 가수 俳優 배우 絶叫 절규 連絡 연락 愛情 애정

(5) ~に言わせれば : ~에게 묻는다면

'~의 생각으로' 등으로 번역되며 그 사람 입장에서의 의견을 표현

N + に言わせれば

お父さんに言わせれば、彼はもう家族のようなものだ。
아버지 입장에서 그는 이제 가족과 같은 존재다.

専門家に言わせれば、それは実現できない政策です。
전문가 입장에서 보면 그것은 실현 불가능한 정책입니다.

私に言わせれば、今回の事件で一番悪いのは大統領です。
내 생각에, 이번 사건에서 가장 나쁜 것은 대통령입니다.

家族 가족　専門家 전문가　実現 실현　政策 정책　大統領 대통령

MEMO

15일차

50. 限る^{かぎ}

(1) ~に限る : ~가 최고다

~에는 ~만한 게 없다. 강한 자기 생각, 느낌, 권유 등을 표현할 때 사용

V사전형 / N + に限る

こんな暑^{あつ}い日^ひには冷^{つめ}たい生^{なま}ビールに限る。

이렇게 더운 날에는 시원한 생맥주가 최고다.

病気^{びょうき}の時^{とき}は母^{はは}の手作^{てづく}り料理^{りょうり}に限る。

병이 났을 때는 엄마가 만든 요리가 최고다.

風邪予防^{かぜよぼう}には規則正^{きそくただ}しい運動^{うんどう}に限る。

감기 예방에는 규칙적인 운동만 한 것이 없다.

生ビール 생맥주 病気 병, 질병 手作り 직접 만든 것 規則正しい 규칙적인

114

(2) ～限りだ : 매우 ～하다

'～하기 그지없다' 라는 기분을 표현하며 앞에는 감정에 관한 단어가 옴

イAい / ナAな ＋ 限りだ

待ちに待った合格通知。嬉しい限りだ。
기다리고 기다리던 합격통지. 너무나 기쁘다.

_____

_____

世界一周をするなんて、うらやましい限りだ。
세계 일주를 하다니, 부럽기 그지없다.

_____

_____

とんでもないミスをしてしまい、恥ずかしい限りです。
어이없는 실수를 해서 부끄럽기 그지없습니다.

_____

_____

通知 통지　世界一周 세계일주　とんでもない 어이없는, 황당한

115

(3) ～を限りに：～을 끝으로

어떠한 변화가 일어나기 전의 마지막 시기 또는 계기

N + を限りに

今日を限りに甘いものは止めることにした。
오늘을 끝으로 단것은 먹지 않기로 했다.

_____

_____

あの選手はこの試合を限りに引退するらしい。
저 선수는 이 시합을 끝으로 은퇴한다고 하더라.

_____

_____

１２月３１日を限りに閉店する予定です。
12월 31일을 끝으로 폐점할 예정입니다.

_____

_____

止める 그만두다, 중단하다　選手 선수　引退 은퇴　閉店 폐점

(4) ~ないとも限らない : 꼭 ~가 아니라고 할 수도 없다

'~할 가능성이 없지는 않다', 즉 조금이라도 가능성이 있음을 표현

Vない형 / イAく / ナAでは(じゃ) / Nでは(じゃ) + ないとも限らない

合格ではないとも限らないから結果を待ってみましょう。
꼭 합격이 아니라고 할 수도 없으니 결과를 기다려봅시다.

_____

_____

人気のない映画は面白くないとも限らない。
'인기가 없는 영화는 재미없다'라고 단정지을 수는 없다.

_____

_____

小さな傷だけど炎症を起こさないとも限らない。
작은 상처이지만 염증이 생길 가능성은 있다.

_____

_____

🐾 結果 결과　傷 상처　炎症を起こす 염증이 나다

117

(5) ～に限ったことではない : ～뿐만이 아니다

'～에 한정된 일이 아니다', 즉, 그 이외의 것들도 마찬가지라는 의미

> N + に限ったことではない

🧑 健康を害するのは、お酒に限ったことではない。
건강을 해치는 것은 술뿐만이 아니다.

_____

_____

🧑 政治家の賄賂問題は韓国に限ったことではない。
정치가의 뇌물 문제는 한국에만 있는 것이 아니다.

_____

_____

🧑 有休が自由に取れないのはうちの会社に限ったことではない。
유급휴가를 자유롭게 쓰지 못하는 것은 우리 회사만이 아니다.

_____

_____

🍙 健康 건강 害する 해치다 政治家 정치인 賄賂 뇌물 有休 유급휴가

MEMO

51. こそ

(1) ～こそあれ : ～은 있을지언정

'～은 있더라도'의 의미로 예상과 다른 결과에 주로 사용

> ナAで / N + こそあれ (동사는 ます형 + こそすれ)

🧒 人は程度の差こそあれ、誰もが可能性を持っている。

사람은 정도의 차이는 있더라도 누구나가 가능성을 품고 있다.

🧒 ボランティア活動は苦労こそあれやりがいがある。

봉사활동은 힘들기는 하지만 보람이 있다.

🧒 あなたのことを心配しこそすれ、憎むことはないよ。

너를 걱정하는 일은 있을지언정 미워하는 일은 없어.

👣 程度 정도 差 차이 可能性 가능성 ボランティア活動 봉사활동 憎む 미워하다

(2) ~てこそ : ~하게 되어서야 비로소

'~하고 나서야 진정으로 ~하게 되다' 라는 문장으로 주로 사용

> Vて형 + こそ

親になってこそ、親のありがたさが分かりました。
부모가 되고 나서야 부모님의 고마움을 알았습니다.

_____

_____

日本で過ごしてみてこそ理解出来る文化がある。
일본에서 생활해 보고 나서야 이해할 수 있는 문화가 있다.

_____

_____

自分で苦労をして稼いでみてこそお金の価値が分かる。
스스로 고생해서 벌어본 다음에야 돈의 가치를 알 수 있다.

_____

_____

ありがたさ 감사함　過ごす 생활하다　理解 이해　稼ぐ 돈을 벌다　価値 가치

(3) ～ばこそ : ～이기에

'~이기 때문이기에 비로소 ~할 수 있는 것'이라는 의미로 '이유'를 강조

> Vば형 / イAば형 / ナAであれば / Nであれば + こそ

🎎 健康(けんこう)であれ**ばこそ**、笑(わら)うことも泣(な)くことも出来(でき)るのだ。
건강하기에 웃는 것도 우는 것도 가능한 것이다.

_____

_____

👦 親が小言(こごと)を言うのはあなたのことを心配(しんぱい)していれ**ばこそ**だ。
부모님이 잔소리하는 것은 너를 걱정하기 때문이다.

_____

_____

👨 皆(みな)さんの支(ささ)えがあれ**ばこそ**、ここまで来られました。
여러분의 도움이 있었기에 여기까지 올 수 있었습니다.

_____

_____

🍎 小言を言う 잔소리하다 健康 건강 笑う 웃다 心配 걱정 支え 도움, 지원

52. 及ぶ

(1) ~は言うに及ばず : ~은 물론이거니와

'~은 당연하고 그 이외의 것들도 ~하다' 라는 의미로 사용

> N + は言うに及ばず

日本のアニメは子供は言うに及ばず、大人にも愛されている。
일본 애니메이션은 아이들은 물론이고 어른들에게도 사랑받고 있다.

文系は言うに及ばず、理·工学系も就職が大変だ。
문과 계열은 물론이고 이공계도 취직이 힘들다.

この車はデザインは言うに及ばず、乗り心地もとてもいい。
이 차는 디자인은 물론이고 승차감도 굉장히 좋다.

文系 (대학)문과계열 理·工学系 이공계 就職 취직 乗り心地 승차감

(2) ~には及ばない : ~에는 미치지 못하다

6일차(p.54)에 나온 것과 형태는 같지만, 앞에 명사만 오며 의미가 다름

N + には及ばない

Aもいい選手だけど、まだ先輩のBには及ばない。

A도 좋은 선수이지만 아직 선배인 B에는 못 미친다.

本当に頑張ったが彼女の成績には及ばなかった。

정말 열심히 했지만 그녀의 성적에는 미치지 못했다.

私はいくらおしゃれをしてもモデルの友達には及ばない。

나는 아무리 꾸며도 모델인 친구에는 미치지 못한다.

選手 선수 先輩 선배 成績 성적 おしゃれをする 꾸미다, 치장하다

MEMO

53. ~をもって

(1) 기준 시간 : ~에

앞에 날짜, 시간을 나타내는 단어가 나와 어떤 일이 행해지는 시점을 표현

N + をもって

1月31日を<ruby>退社<rt>たいしゃ</rt></ruby>することになりました。

1월 31일을 끝으로 퇴사하게 되었습니다.

A<ruby>社<rt>しゃ</rt></ruby>は2016年をもって<ruby>車<rt>くるま</rt></ruby>の<ruby>生産<rt>せいさん</rt></ruby>から<ruby>撤退<rt>てったい</rt></ruby>した。

A 회사는 2016년에 자동차 생산(사업)에서 철수했다.

<ruby>本日<rt></rt></ruby>の<ruby>営業<rt>えいぎょう</rt></ruby>は<ruby>午後<rt>ごご</rt></ruby>5時をもちまして<ruby>終了<rt>しゅうりょう</rt></ruby>いたします。

오늘 영업은 오후 5시에 종료하겠습니다.

退社 퇴사　生産 생산　撤退 철수　営業 영업　終了 종료

126

(2) 수단, 방법 : ~을 통해

'~로', '~을 이용하여' 등 수단이나 방법을 나타내는 문어체 표현

> N + をもって

🧑 面接の結果はメールをもってお知らせします。
めんせつ けっか し

면접 결과는 메일을 통해 알려드리겠습니다.

_____

_____

🧑 身をもって感じた経験はなによりも大事だ。
み かん けいけん だいじ

몸으로 느낀 경험은 무엇보다도 귀중하다.

_____

_____

🧑 今の医学をもっても治せない病気がある。
いがく なお びょうき

지금의 의학으로도 고치지 못하는 병이 있다.

_____

_____

🐾 面接 면접 結果 결과 経験 경험 医学 의학 治す (병을)고치다

127

(3) 이유, 원인 : ~로 인해

어떤 일이 일어난 이유, 원인을 설명하는 문어체 표현

> N + をもって

🧒 あのバンドはギタリストの死をもって解散した。
そ 밴드는 기타리스트의 죽음으로 인해 해산했다.

_____

_____

🧒 彼女はデビューした時、綺麗な声をもって有名になった。
그녀는 데뷔했을 때, 아름다운 목소리로 유명해졌다.

_____

_____

🧒 社長は不正の発覚をもって辞任することになった。
사장은 부정행위가 발각되어 사임하게 되었다.

_____

_____

👣 死 죽음 解散 해산 綺麗な 아름다운 不正 부정(한 행위) 発覚 발각 辞任 사임

128

54. ばかり

(1) ～とばかりに : 마치 ～라는 듯이

'실제로 ～는 아니지만 마치 그렇다는 듯이' 라는 주관적인 느낌을 표현

> V보통형・명령형 / ィA보통형 / ナA보통형 / N보통형 + とばかりに
>
> (단, ナA와 N 뒤의 だ는 생략 가능)

🧒 事故を起こした相手が、私が悪かったとばかりに言った。

사고를 낸 상대방이 마치 내가 잘못했다는 듯이 말했다.

_____

_____

🧑 先生は遅刻した学生に出て行けとばかりにドアを指差した。

선생님은 지각한 학생에게 나가라는 듯이 문을 가리켰다.

_____

_____

🧑 彼女は喧嘩の途中、「もういい」とばかりに部屋を出ていった。

그녀는 싸움 도중에 '이제 됐어'라는 듯이 방을 나갔다.

_____

_____

🐾 起こす 일으키다 相手 상대방 遅刻 지각 指差す (손가락으로)가르키다 喧嘩 싸움

(2) ～んばかりに : ～할 듯이

타인, 사물의 모습을 보고 느낀 주관적 감정. 뒤에 명사가 오면 ～んばかりの

> Vない형 + んばかりに (단, する는 せんばかりに)

彼は「別れよう」と言わんばかりに冷たい目で私を見た。
그는 "헤어지자"라고 말할 것처럼 차가운 눈빛으로 나를 보았다.

_____

_____

なにがあったのか、子供は泣かんばかりの顔だった。
무슨 일이 있었는지, 아이는 곧바로 울 듯한 얼굴이었다.

_____

_____

溢れんばかりに刺身が乗った海鮮丼は最高だった。
넘칠 듯이 회가 올려진 회덮밥은 최고였다.

_____

_____

別れる 헤어지다　冷たい 차가운　溢れる 넘치다　刺身 회　海鮮丼 회덮밥

MEMO

55. ところ

(1) ～たところで : ～하더라도

~한다고 해도 큰 도움이 되지 않는다, 별다를 것이 없다는
주관적 판단

> Vた형 + たところで

一人で悩んだところで状況は何も変わらない。
혼자 고민해도 상황은 아무것도 바뀌지 않는다.

_____

_____

これから急いだところで約束時間には間に合わない。
지금부터 서두른다고 해도 약속 시간 안에는 못 간다.

_____

_____

親が反対したところで音楽を諦めることはない。
부모가 반대하더라도 음악을 포기하는 일은 없다.

_____

_____

悩む 고민하다 状況 상황 約束 약속 間に合う 정해진 시간에 맞추다 諦める 포기하다

132

(2) ~ところだった : ~할 뻔했다

'~할 뻔한 상황이었다' 라는 의미로 나쁜 일이 일어나기 직전이었음을 표현

V사전형 + ところだった

JLPTの受付が明日までなのに忘れるところだった。

JLPT 접수가 내일까지인데 잊어버릴 뻔했다.

_____

_____

寝坊をしてまた遅刻するところだった。

늦잠을 자서 또 지각할 뻔했다.

_____

_____

急に自転車が飛び出してきてぶつかるところだった。

자전거가 갑자기 튀어나와서 부딪힐 뻔했다.

_____

_____

受付 접수 寝坊をする 늦잠자다 遅刻 지각 飛び出す 튀어나오다 ぶつかる 부딪치다

(3) ～というところだ : ～정도이다

～といったところだ의 형태로도 쓰이며 '많아도 약 ～정도다' 라는 의미

> V사전형 / N + というところだ

🗣 彼氏と会えるのは週に1回というところだ。
남자친구와 만날 수 있는 것은 일주일에 한 번 정도다.

_____

_____

🗣 実際にパーティーに来る人は100人というところでしょう。
실제로 파티에 오는 사람은 많아야 100명 정도일 것이다.

_____

_____

🗣 趣味と言ったらたまに映画を見るといったところだ。
취미라고 하면 가끔 영화를 보는 것 정도다.

_____

_____

🐾 彼氏 남자친구   実際 실제   パーティー 파티   趣味 취미   映画 영화

56. ながら

(1) ~ながらに : ~인 상태 그대로

'~하면서', '~때부터 지금까지 계속'이라는 의미로서, 뒤에 명사가 오면
ながらの

> Vます형 / N + ながらに

🧑 人は生まれながらに性格が決まっているかもしれない。
사람은 태어날 때부터 성격이 결정되어 있을지도 모른다.

_____

_____

🧑 あの店は今も昔ながらのやり方でせんべいを焼いている。
저 가게는 지금도 옛 방식 그대로 센베를 굽고 있다.

_____

_____

🧑 友達は彼氏との別れ話を涙ながらに語った。
친구는 남자친구와의 이별 이야기를 눈물을 흘리며 말했다.

_____

_____

🍽 性格 성격　決定 결정　せんべい 센베(일본 전통과자)　別れ話 이별이야기

(2) ～もさることながら : ～도 물론이거니와

'～도 그렇고 ～도' 라는 의미이지만 뒤에 나오는 것이 조금 더 강조됨

$$N + もさることながら$$

このアニメは映像もさることながら、ストーリもとても美しい。

저 애니메이션은 영상도 물론이고 내용도 굉장히 아름답다.

_____

_____

このカメラは画質もさることながらデザインも最高だ。

이 카메라는 화질은 물론이거니와 디자인도 최고다.

_____

_____

給料もさることながら福祉も考慮して就職先を決めた。

월급은 물론이고 복지까지 고려해서 취직할 곳을 결정했다.

_____

_____

映像 영상 画質 화질 給料 월급 福祉 복지 考慮 고려 就職先 취직할 곳

MEMO

57. 至^{いた}る

19일차

(1) ～の至り : 너무나 ～하다

'매우 ～하다', '～하기 그지없다' 라는 의미의 문어체 표현

> N + の至り

🧒 尊敬^{そんけい}する先生^{せんせい}にお会^あいでき、光栄^{こうえい}の至りです。

존경하는 선생님과 만나 뵙게 되어 너무나 영광입니다.

_____

_____

🧒 皆^{みな}の前^{まえ}でミスをしてしまい、赤面^{せきめん}の至りだった。

모두 앞에서 실수를 해서 너무나 부끄러웠다.

_____

_____

🧒 当時^{とうじ}は若^{わか}きの至りでよく生意気^{なまいき}なことを言^いっていた。

당시에는 너무 젊어서 건방진 말을 자주 했었다.

_____

_____

🌸 尊敬 존경　光栄 영광　赤面 부끄러워 붉어진 얼굴　若き 젊음　生意気な 건방진

(2) ～に至っては : 특히 ~는

'특히 ~의 경우는', 혹은 '~한 단계에 이르렀으면 이미~' 라는 의미로
부정적 결과에 사용

> V사전형 / N + に至っては

🍣 寿司がまずい。サバに至っては腐ったような匂いがする。
초밥이 맛이 없다. 특히 고등어는 썩은 것 같은 냄새가 난다.

_____

_____

😓 JLPTは難しかった。聴解に至ってはほとんど聞き取れなかった。
JLPT는 어려웠다. 특히 청해는 거의 알아듣지 못했다.

_____

_____

😟 債務超過の状況に至っては、破産は時間の問題だ。
채무초과 상태에 이르렀으면 파산은 시간문제다.

_____

_____

🐾 サバ 고등어 腐る 썩다 聴解 청해 聞き取る 알아듣다 債務超過 채무초과 状況 상황 破産 파산

139

(3) ～に至るまで : ～에 이르기까지

'~에서 ~까지 모두', 혹은 어떤 시간, 과정을 거쳐 '~에 이르기까지'

V사전형 / N + に至るまで

出会いから結婚に至るまで10年もかかった。
첫 만남에서 결혼에 이르기까지 10년이나 걸렸다.

_____

_____

この曲は子供から大人に至るまで、皆に愛されている。
이 노래는 아이부터 어른까지 모두에게 사랑받고 있다.

_____

_____

創業から現在に至るまで、数々の苦難があった。
창립 이후 지금에 이르기까지 수많은 어려움이 있었다.

_____

_____

出会い 첫 만남 かかる 걸리다 創業 창립, 창업 数々 수많은 苦難 어려움

58. 堪える

(1) ～に堪える : ～할 만한

'~할 만한 가치가 있는' 이라는 의미로서 주관적인 판단을 표현

> V사전형 / N + に堪える

🗣 最近は鑑賞に堪える映画があまりない。

최근에는 감상할 만한 영화가 별로 없다.

🗣 趣味だと言うけど彼の絵は展示するに堪えるものが多い。

취미라고 말하지만 그의 그림은 전시할 만한 수준의 것이 많다.

🗣 建設現場から検証に堪える歴史記録物が見つかった。

건설현장에서 검증할 만한 가치가 있는 역사기록물이 발견되었다.

🐾 鑑賞 감상 展示 전시 建設 건설 現場 현장 検証 검증 歴史 역사 記録物 기록물

(2) ~に堪えない : ~하고 있기 어렵다

'너무 ~해서 ~하고 있을 수 없다' 라는 의미. 단, 앞에 명사가 오면 '매우 ~하다'

V사전형 / N + に堪えない

あの交通事故は見るに堪えないほど悲惨だった。
그 교통사고는 보고 있을 수 없을 정도로 비참했다.

あの人の話は極端な内容ばかりで聞くに堪えない。
그 사람의 이야기는 극단적인 내용뿐이라 듣고 있기 어렵다.

困っている時に助けてくれた彼には感謝に堪えない。
곤란할 때 도와준 그에게는 너무나 감사한다.

悲惨 비참   様子 모습   極端 극단   助ける 돕다   感謝 감사

MEMO

Chapter2 **Review**

46. もの

(1) **~というもの** : ~동안이나

あの先輩とは１０年<u>というもの</u>、会っていない。

(2) **~ものを** : ~했을텐데

雨に降られたの？電話したら迎えに行った<u>ものを</u>。

(3) **~ものとする** : ~하는 것으로 하다

契約者はこの部屋でペットを飼わない<u>ものとする</u>。

(4) **~ないものでもない** : ~할 수 없는 것도 아니다

難しい試験だけど頑張れば合格でき<u>ないものでもない</u>。

(5) **よく(も) ~ものだ** : 용케도 ~했구나

この問題本当に難しいね。<u>よくも</u>解けた<u>ものだ</u>。

47. こと

(1) ~こととて : ~이므로

急
きゅう
な休
きゅう
業
ぎょう
のこととて、大
たい
変
へん
申
もう
し訳
わけ
ございません。

---

(2) ~ことなしに(は) : ~하지 않고(는)

友
とも
達
だち
は少
すこ
しもためらうことなしにお金
かね
を貸
か
してくれた。

---

(3) ~たことにする : ~한 셈 치다

今
こん
回
かい
のことはなかったことにしましょう。

---

(4) ~ことだし : ~이기도 하니까

風
か
邪
ぜ
だから今日はジムを休
やす
もう。寒
さむ
いことだし。

---

(5) ~ことはないにしても : ~하는 일은 없다고 해노

一
いっ
回
かい
のミスで首
くび
になることはないにしても評
ひょう
価
か
は下
さ
がる。

---

48. まで

(1) ~てまで : ~하면서까지

友達を裏切っ<mark>てまで</mark>成功したくはない。

---

(2) ~ないまでも : ~까지는 아니더라도

現地には行け<mark>ないまでも</mark>、日本と関わりのある仕事がしたい。

---

(3) ~までもない : ~할 필요도 없다

タバコが健康に悪いのは言う<mark>までもない</mark>。

---

(4) ~たらそれまでだ : ~하면 그것으로 끝이다

いくらお金があっても病気で倒れ<mark>たらそれまでだ</mark>。

---

(5) ~まで(のこと)だ : ~하면 그만이다

終電を逃したらタクシーで帰る<mark>までだ</mark>。

---

49. 言う

(1) **~とはいえ** : ~라고 해도

お<ruby>金<rt>かね</rt></ruby>が<ruby>欲<rt>ほ</rt></ruby>しい**とはいえ**、<ruby>盗<rt>ぬす</rt></ruby>むわけにはいかない。

---

(2) **~といえども** : ~이기는 하지만

<ruby>泰山<rt>たいざん</rt></ruby>がいかに<ruby>高<rt>たか</rt></ruby>い**といえども**<ruby>天<rt>てん</rt></ruby>の<ruby>下<rt>した</rt></ruby>にある。

---

(3) **~かというと** : ~인가 하면

<ruby>本<rt>ほん</rt></ruby>を<ruby>読<rt>よ</rt></ruby>むと<ruby>誰<rt>だれ</rt></ruby>でも<ruby>作家<rt>さっか</rt></ruby>になれる**かというと**、そうでもない。

---

(4) **~というよりむしろ** : ~보다 오히려

<ruby>彼<rt>かれ</rt></ruby>はもう<ruby>歌手<rt>かしゅ</rt></ruby>**というよりむしろ**<ruby>俳優<rt>はいゆう</rt></ruby>だ。

---

(5) **~に言わせれば** : ~에게 묻는다면

お<ruby>父<rt>とう</rt></ruby>さん**に言わせれば**、<ruby>彼<rt>かれ</rt></ruby>はもう<ruby>家族<rt>かぞく</rt></ruby>のようなものだ。

---

50. 限る

(1) **~に限る** : ~가 최고다

こんな暑(あつ)い日には冷(つめ)たい生(なま)ビールに限る。

---

(2) **~限りだ** : 매우 ~하다

待(ま)ちに待(ま)った合格通知(ごうかくつうち)。嬉(うれ)しい限りだ。

---

(3) **~を限りに** : ~을 끝으로

今日を限りに甘(あま)いものは止(や)めることにした。

---

(4) **~ないとも限らない** : 꼭 ~가 아니라고 할 수도 없다

合格(ごうかく)ではないとも限らないから結果(けっか)を待(ま)ってみましょう。

---

(5) **~に限ったことではない** : ~뿐만이 아니다

健康(けんこう)を害(がい)するのは、お酒(さけ)に限ったことではない。

---

51. こそ

(1) **~こそあれ**：~은 있을지언정

人は程度の差<ruby>こそあれ</ruby>、誰もが可能性を持っている。
<small>てい ど　さ　　　　　　　　　　　か のう せい　も</small>

---

(2) **~てこそ**：~하게 되어서야 비로소

親になっ<ruby>てこそ</ruby>、親のありがたさが分かりました。
<small>おや</small>

---

(3) **~ばこそ**：~이기에

健康であれ<ruby>ばこそ</ruby>、笑うことも泣くことも出来るのだ。
<small>けん こう　　　　　　　　　　わら　　　　　な　　　　　　で き</small>

52. 及ぶ

(1) **~は言うに及ばす**：~은 물론이거니와

日本のアニメは子供<ruby>は言うに及ばす</ruby>、大人にも愛されている。
<small>あい</small>

---

(2) **~には及ばない**：~에는 미치지 못하다

Aもいい選手だけど、まだ先輩のB<ruby>には及ばない</ruby>。
<small>せん しゅ　　　　　　　　せん ばい</small>

53. ~をもって

(1) 기준 시간

1月31日をもって退社^{たいしゃ}することになりました。

---

(2) 수단, 방법

面接^{めんせつ}の結果^{けっか}はメールをもってお知^しらせします。

---

(3) 이유, 원인

あのバンドはギタリストの死^しをもって解散^{かいさん}した。

54. ばかり

(1) ~とばかりに : 마치 ~라는 듯이

事故^{じこ}を起^おこした相手^{あいて}が、私が悪^{わる}かったとばかりに言った。

---

(2) ~んばかりに : ~할 듯이(~んばかりだ ~んばかりの)

彼は「別^{わか}れよう」と言わんばかりに冷^{つめ}たい目^めで私を見た。

---

55. ところ

(1) **~たところで** : ~하더라도

一人で悩ん<ruby>悩<rt>なや</rt></ruby>だところで状況<ruby>状況<rt>じょうきょう</rt></ruby>は何<ruby>何<rt>なに</rt></ruby>も変<ruby>変<rt>か</rt></ruby>わらない。

---

(2) **~ところだった** : ~할 뻔했다

JLPTの受付<ruby>受付<rt>うけつけ</rt></ruby>が明日までなのに忘<ruby>忘<rt>わす</rt></ruby>れるところだった。

---

(3) **~というところだ** : ~정도이다

彼氏<ruby>彼氏<rt>かれし</rt></ruby>と会えるのは週<ruby>週<rt>しゅう</rt></ruby>に1回<ruby>回<rt>かい</rt></ruby>というところだ。

---

56. ながら

(1) **~ながらに** : ~인 상태 그대로

人は生<ruby>生<rt>う</rt></ruby>まれながらに性格<ruby>性格<rt>せいかく</rt></ruby>が決<ruby>決<rt>き</rt></ruby>まっているかもしれない。

---

(2) **~もさることながら** : ~도 물론이기니와

このアニメは映像<ruby>映像<rt>えいぞう</rt></ruby>もさることながら、ストーリもとても美<ruby>美<rt>うつく</rt></ruby>しい。

---

57. 至る

(1) **~の至り** : 너무나 ~하다

<ruby>尊<rt>そん</rt></ruby><ruby>敬<rt>けい</rt></ruby>する先生にお<ruby>会<rt>あ</rt></ruby>いでき、<ruby>光<rt>こう</rt></ruby><ruby>栄<rt>えい</rt></ruby>の至りです。

---

(2) **~に至っては** : 특히 ~는

<ruby>寿<rt>す</rt></ruby><ruby>司<rt>し</rt></ruby>がまずい。サバに至っては<ruby>腐<rt>くさ</rt></ruby>ったような<ruby>匂<rt>にお</rt></ruby>いがする。

---

(3) **~に至るまで** : ~에 이르기까지

<ruby>出<rt>で</rt></ruby><ruby>会<rt>あ</rt></ruby>いから<ruby>結<rt>けっ</rt></ruby><ruby>婚<rt>こん</rt></ruby>に至るまで10年もかかった。

---

58. 堪える

(1) **~に堪える** : ~할 만한

<ruby>最<rt></rt></ruby><ruby>近<rt></rt></ruby>は<ruby>鑑<rt>かん</rt></ruby><ruby>賞<rt>しょう</rt></ruby>に堪える<ruby>映<rt>えい</rt></ruby><ruby>画<rt>が</rt></ruby>があまりない。

---

(2) **~に堪えない** : ~하고 있기 어렵다

あの<ruby>交<rt>こう</rt></ruby><ruby>通<rt>つう</rt></ruby><ruby>事<rt>じ</rt></ruby><ruby>故<rt>こ</rt></ruby>は<ruby>見<rt>み</rt></ruby>るに堪えないほど<ruby>悲<rt>ひ</rt></ruby><ruby>惨<rt>さん</rt></ruby>だった。

잘못 쓰면 큰 싸움을 하게 되는
知る와 分かる

한국어의 '알다'라는 동사를 일본어사전에서 찾아보면 知る와 分かる라는 2개의 단어가 나옵니다. 우리말로 하면 똑같이 '알다'라고 번역되지만, 일본어에서 두 단어는 매우 큰 차이가 있어 잘못 쓰면 오해를 사는 일도 있습니다.

단순히 어떤 사실을 알다 = 知る

구체적으로 이해하다 = 分かる

우선 기본적으로 知る는 '단순한 사실, 지식을 알다', 分かる는 '내용을 이해하다, 자세하게 알고 있다'라는 뜻입니다. 사물의 명칭, 사람 이름, 사건이 발생했다는 것 등 단순한 사실을 알고 있는 경우에는 知る를 쓰지만, 사물의 특징이나 사용법, 사람의 성격, 사건의 내용 등 구체적인 내용을 '이해'하고 자세히 '파악'하고 있는 경우에는 分かる를 씁니다.

예를 들어 사람의 이름은 '이해하는' 것이 아니라 '단순히 아는 것'입니다. 그렇기 때문에 名前を知っている(이름을 알고 있다)라고는 해도 分かっている라고 말하지는 않습니다.

일본어의 경우, 日本語を知っている라고 하면 단순히 일본어라는 언어가 있다는 사실을 알고 있다는 의미가 되고, 日本語が分かる라고 하면 일본어의 문법, 의미, 내용을 이해하고 있다는, 그러니까 일본어를 할 줄 안다는 의미가 됩니다.

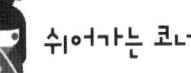

쉬어가는 코너

체험해서 알다 = 知る

구분하다 & 알 수 있다 = 分かる

知る와 分かる에는 각각 '알다' 이외의 의미가 있습니다. 知る에는 위에서 말한 '단순한 사실을 알다'라는 의미 이외에 '직접 해보고 이해했다'라는 '체험'의 의미가 있습니다. 예를 들어, 私がお酒の味を知ったのは20歳の時だった(내가 술맛을 알게 된 것은 20살 때였다)라고 하면 직접 술을 마셔보고 그 맛을 이해했다는 뜻이 됩니다.

分かる도 '이해하다'라는 뜻 이외에 '구분·구별하다'라는 뜻이 있습니다. 사람들의 우산을 한곳에 모아두었더니 비슷한 것이 많아서 어느 것이 내 것인지 모르겠다고 할 때는 どれが私の傘なのか分からない(어느 것이 내 우산인지 모르겠다)라고 말합니다. 여기서 쓰인 分かる는 '이해하다'가 아니라 구별한다는 의미입니다. 어느 것이 내 우산인지 구분이 되지 않는다는 뜻입니다.

또한 分かる에는 '가능'의 의미가 내포되어 있어 分かることができる(이해하는 것이 가능하다)라는 표현은 쓰지 않습니다. '~해보면 ~라는 사실을 알 수 있다'라는 문장을 쓸 때 '알 수 있다'는 그냥 分かる라고만 쓰면 됩니다.

부부싸움을 부르는 말 '知らないよ'

마지막으로 꼭 기억해 두어야 할 것은, 연인이나 부부 사이에서 싸움의 발단이 되기 쉬운 말도 바로 이 知る와 分かる라는 것입니다. 연인이나 부부 사이에서 무언가를 물어봤는데 分からない라고 하면 정말 그냥 '모른다'라는 느낌이지만, 知らない라고 하면 '나랑

무슨 상관이야', '알게 뭐야'라는 뉘앙스의 '몰라'가 되기 때문에 상대방은 굉장히 기분이 상하게 됩니다. 그러면 곧바로 "뭐라고? 우리가 남이야!" 하며 싸움이 나기 쉽습니다.

또 한 가지, '넌 날 몰라'라는 표현을 할 때도 あなたは私のことが分からない라고 하면 '넌 나를 이해 못 한다'라는 의미가 되지만 あなたは私のことを知らない라고 하면 넌 내가 뒤에서 무얼 하는지 모른다. 내가 진짜 어떤 사람인지 모른다는 의미가 됩니다.

두 단어는 일본어의 기본적인 단어이지만 제대로 사용하지 않으면 원하지 않는 싸움을 하게 되거나 괜한 오해를 살 수도 있습니다.

MEMO

Chapter

3

다양한 표현들,
어휘력 늘리기

59. ~放題(ほうだい) : 마음껏 ~하다

본인 하고 싶은 만큼, 무제한으로 할 수 있는 것을 의미

> V ます형 / V ます형たい + 放題
>
> (예외. 好(す)き放題 좋아하는 대로 마음껏)

今日は飲み放題の居酒屋でいっぱい飲もう。
오늘은 주류 무제한 술집에서 실컷 마시자.

日本で「バイキング」とは食べ放題の店のことをいう。
일본에서 '바이킹'은 무제한으로 먹을 수 있는 가게를 말한다.

あなたは相変わらずやりたい放題だね。
너는 여전히 하고 싶은 대로 다 하는구나.

居酒屋 술집   いっぱい 많이, 실컷   相変わらず 여전히, 변함없이

60. ~(で)すら : ~조차

하나를 예로 들어서 '~이외의 것(사람)은 당연히~하다' 라는 것을 표현

$$\boxed{N + (で)すら}$$

風邪がひどくて出社どころか起きることすら出来なかった。
감기가 심해서 출근은커녕 일어나는 것조차 할 수 없었다。

入試に学校の先生ですら解けない問題が出た。
입학시험에 학교 선생님조차 못 푸는 문제가 나왔다。

家族すら彼女の病気に気がつかなかったそうだ。
가족조차 그녀의 병을 알아채지 못했다고 한다。

出社 출근   入試 입학시험   解く (문제를) 풀다   気がつく 알아채다

159

61. ~はおろか : ~은 커녕

'~은 커녕 ~조차 할 수 없다' 등 부정적인 내용의 표현에 사용

V사전형の / N + はおろか

🧑 今年は夏休みはおろか、週末もなかなか休めない。

올해는 여름휴가는커녕 주말에도 좀처럼 쉴 수 없다.

🧑 30歳にもなって彼女はおろか、女友達すらいない。

30살이나 되었는데 여자친구는커녕 여자인 친구조차 없다.

🧑 腰が痛くて走るのはおろか、歩くのも大変だ。

허리가 아파서 뛰는 것은커녕 걷는 것조차 힘들다.

🐾 夏休み 여름휴가 彼女 여자친구(애인) 女友達 성별이 여자인 친구 腰 허리

160

62. (ただ) ~のみ : (단지) ~뿐

다른 것은 없고 단지 ~뿐임을 강조. ただ 대신 ひとり도 사용

V사전형 / イAい / N + のみ

試合で勝つために必要なのはただ練習のみだ。

시합에서 이기기 위해 필요한 것은 단지 연습뿐이다.

ただ優しいのみではいい先生になれないのです。

단지 자상한 것만으로는 좋은 선생님이 될 수 없습니다.

事故はまだ収集中なので皆の無事を祈るのみだ。

사고는 아직 수습 중이기 때문에 모두 무사하기를 빌 뿐이다.

試合 시합 勝つ 이기다 練習 연습 収集 수습 無事 무사 祈る 빌다, 기도하다

63. ~あっての : ~가 있어야만 가능한

'~이 있어야만 성립되는'이라는 의미로 꼭 필요한 요소, 조건을 강조

> N + あっての

けんこう　　　　　　　　　　　　　　　　　　　　　むり
健康あっての仕事だからあまり無理はしないでね。
건강해야 일도 할 수 있으니 너무 무리하지 마.

_____

_____

　　　　　　　　　　　　　　　みなさま　ささ
今の私があるのは皆様の支えあってのことです。
지금의 제가 있는 것은 여러분의 도움이 있었기 때문입니다.

_____

_____

きゃくさま　　　　　　　　　みせ
お客様あってのお店だからサービスは何より大事だ。
손님이 있어야 가게가 있는 것이니 서비스는 다른 무엇보다 중요하다.

_____

_____

健康 건강　無理 무리　支え 도움, 지원　お客様 손님, 고객

MEMO

64. ～ごとき : ～와 같은

22일차

'～のような'의 문어체. 단, N 뒤에 の없이 Nごとき의 형태로 쓰면 '겨우 ～같은'이라는 의미가 됨

V사전형 / V사전형+が / V사전형+かの / Vた형+かの / N(の)

彼女は天使の<u>ごとき</u>声を持っている。
てんし　　　　　　こえ　も

그녀는 천사와 같은 목소리를 갖고 있다.

写真で見た若い時の母は、花の<u>ごとき</u>美人だった。
しゃしん　　わか　とき　はは　はな　　　　　びじん

사진에서 본 젊은 시절의 엄마는 꽃과 같은 미인이었다

私<u>ごとき</u>素人を参加させてくださってありがとうございます。
　　　　しろうと　さんか

겨우 저 같은 아마추어를 참가시켜 주셔서 감사합니다.

🐾 天使 천사　美人 미인　素人 초심자, 아마추어　参加 참가

65. ～ごとく : ~와 같이

'~처럼', '~같이' 라는 의미인 '~のように'의 문어체 표현

> V사전형 / V사전형+が / V사전형+かの / Vた형+かの / N(の)

お金を湯水のごとく使った彼は結局破産した。
かね ゆみず　　　　　　　　　　　　かれ けっきょくはさん

돈을 물 쓰듯 썼던 그는 결국 파산했다.

_____

_____

上記のごとく、予約キャンセル時は手数料がかかります。
じょうき　　　　　　よやく　　　　　　じ てすうりょう

상기와 같이, 예약 취소 시에는 수수료가 부과됩니다.

_____

_____

あの作家は眠るがごとくこの世を去った。
さっか ねむ　　　　　　　　　よ さ

그 작가는 잠이 드는 것처럼 이 세상을 떠났다.

_____

_____

🌼 湯水 더운물과 찬물(=흔한 것) 破産 파산 手数料 수수료 眠る 잠들다 世を去る 세상을 떠나다

66. ~まじき : ~있을 수 없는

'직업이나 입장' 등을 고려할 때 '결코 ~하면 안 된다'는 비판이나 비난

> V사전형 + まじき

🎎 遺産だけもらって親を捨てるなんて、あるまじき行為だ。

유산만 받고 부모를 버리다니 있어서는 안 되는 행위다.

👦 弟子の論文を盗むのは、教授としてあるまじきことだ。

제자의 논문을 훔치는 것은 교수로서 있을 수 없는 일이다.

👧 動物を虐待するのは許すまじき犯罪だ。

동물을 학대하는 것은 용서할 수 없는 범죄다.

🐾 遺産 유산 捨てる 버리다 行為 행위 弟子 제자 論文 논문 盗む 훔치다 教授 교수 虐待 학대

166

67. ~べからず : ~하면 안 된다

문장 끝에 사용하며 '금지'를 알리는 게시글에 주로 쓰는 고어체 표현

V사전형 + べからず (する는 すべからず와 するべからず 모두 가능)

働かざるもの、食うべからず。
일하지 않는 자, 먹지도 말아라.

_____

_____

この先は工事中のため、立ち入るべからず。
이 앞쪽은 공사 중이니 들어가면 안 된다.

_____

_____

住民以外はここにゴミを捨てるべからず。
주민 이외에는 이곳에 쓰레기를 버리지 마시오.

_____

_____

働く 일하다 食う 먹다 立ち入る 들어가다 住民 주민 捨てる 버리다

68. ~べからざる : 결코 ~할 수 없다

상식, 도덕적으로 '할 수 없는' 혹은 '하면 안 되는 것'을 강조

V사전형 + べからざる

(する는 すべからざる와 するべからざる 모두 가능)

学生に対する教師の差別は許すべからざる行為だ。

학생에 대한 교사의 차별은 용서할 수 없는 행위다.

現代人に携帯は欠くべからざる存在になっている。

현대인들에게 휴대전화는 빼놓을 수 없는 존재가 되어 있다.

そこは犯罪が多いので夜には行くべからざる場所だ。

그곳은 범죄가 잦아서 밤에는 가면 안 되는 장소다.

差別 차별　現代人 현대인　携帯 휴대전화　存在 존재　犯罪 범죄

MEMO

23일차

69. ~を経て : ~을 거쳐서

어떤 상황이나 결과에 이르기까지 거쳐 온 시간이나 과정을 설명

N + を経て

👧 私と主人は2年間の交際を経て結婚しました。
しゅじん　　ねんかん　こうさい　　　　　　　けっこん

저와 남편은 2년의 교제를 거쳐 결혼했습니다.

_____

_____

👦 彼女は５年間のモデル活動を経て俳優になった。
かつどう　　　　　　　はいゆう

그녀는 5년간의 모델 활동을 거쳐 배우가 되었다.

_____

_____

👦 彼は派遣社員から契約社員を経て正社員になった。
はけんしゃいん　　けいやく　　　　　　せいしゃいん

그는 파견사원에서 계약사원을 거쳐 정사원이 되었다.

_____

_____

😀 主人 남편 結婚 결혼 交際 교제 活動 활동 俳優 배우 派遣 파견 契約 계약

170

70. ~を踏(ふ)まえて : ~을 고려하여

'~을 전제로 하여' 라는 의미로서 판단, 결정할 때 고려한 내용을 표현

N + を踏まえて

🙎 アンケートの結果(けっか)を踏まえて新しい計画(けいかく)を立(た)てます。
설문조사 결과를 바탕으로 새로운 계획을 세우겠습니다.

_____

_____

🙎 実績(じっせき)を踏まえて投資額(とうしがく)を決(き)めるつもりです。
실적을 고려해서 투자액을 결정할 생각입니다.

_____

_____

🙎 教授(きょうじゅ)は知識(ちしき)や経験(けいけん)を踏まえてアドバイスをした。
교수는 지식과 경험을 바탕으로 조언을 했다.

_____

_____

🐣 結果 결과 計画 계획 実績 실적 投資額 투자액 知識 지식 経験 경험

71. ~と相まって<ruby>相<rt>あい</rt></ruby> : ~와 ~이 겹쳐서

어떤 상황이나 조건에 또 다른 것이 겹치거나 더해지는 것을 의미

> N + と相まって

ヨガは健康ブームと相まって人気が高まっている。
요가는 건강 붐과 겹쳐서 인기가 높아지고 있다.

学校教育は家庭教育と相まってこそ、効果がある。
학교에서의 교육은 가정교육과 병행되어야 효과가 있다.

今日登った山は緑が晴天と相まってとても綺麗だった。
오늘 오른 산은 푸른 숲이 맑은 날씨와 어우러져 매우 예뻤다.

健康 건강   効果 효과   登る 오르다   緑 푸른 숲   晴天 맑은 날씨

72. ~に即して : ~에 따라

'~에 맞춰', '~에 부합하도록' 등의 의미로서 어떤 기준을 따르는 것

N + に即して

テーマに即して４００字以上の文を書きなさい。

테마에 맞춰 400자 이상의 글을 쓰십시오.

ファッションというのは時代に即して変わるものだ。

패션이라는 것은 시대에 따라 변하는 것이다.

運転する時は信号に即して走行、停止します。

운전할 때에는 신호에 따라 주행, 정지합니다.

時代 시대   運転 운전   信号 신호   走行 주행   停止 정지

73. ～にひきかえ : ~인 반면

'~은 ~한 것과 달리' 라는 뜻으로 서로 상반되는 내용을 표현

V보통형 + の / イA보통형+ の / ナA명사수식형+ の / N + にひきかえ

今日は昼間(ひるま)にひきかえ朝晩(あさばん)は結構(けっこう)寒かった。
오늘은 낮과 달리 아침저녁은 꽤 추웠다.

_____

_____

姉(あね)は賢(かしこ)いのにひきかえ私はとても頭(あたま)が悪い。
언니는 똑똑한 것과 달리 나는 매우 머리가 나쁘다.

_____

_____

同期(どうき)は表彰(ひょうしょう)をもらったのにひきかえ私はミスばかり。
동기는 표창을 받았는데 그와 달리 나는 실수투성이.

_____

_____

昼間 낮 朝晩 아침과 저녁 結構 꽤 賢い 똑똑한 同期 동기 表彰 표창

174

MEMO

74. ~だに : ~하기만 해도

'하는 것만으로도', '~할 때마다'라는 의미. 단, 앞에 명사가
오면 '~조차'

V사전형 / N + だに

(N 뒤에는 조사가 붙기도 함 ex.夢にだに)

自分の子供を殺すって、聞くだに恐ろしい。

자신의 아이를 죽이다니 듣기만 해도 무섭다.

私を騙した友達のことを思い出すだに腹が立つ。

나를 속인 친구를 떠올릴 때마다 화가 난다.

私が宝くじに当たるなんて、想像だにしなかった。

내가 복권에 당첨되다니, 상상조차 하지 못했다.

🐾 殺す 죽이다 恐ろしい 무섭다 騙す 속이다 腹が立つ 화가 나다 宝くじ 복권 想像 상상

75. ~なりに : ~나름대로

'~なりの+명사'의 형태로도 자주 쓰이며 '~나름의' 라고 번역됨

$$ N + なりに $$

🧒 学生は学生なりに社会人は社会人なりに悩みがある。
학생은 학생 나름대로 사회인은 사회인 나름대로 고민이 있다.

_____

_____

🧒 子供は本を読むと自分なりの考えで理解するらしい。
아이는 책을 읽으면 자기 나름의 생각으로 이해한다고 한다.

_____

_____

👨 私なりに調べてみましたが、はっきりとは分かりません。
저 나름대로 조사해 봤습니다만, 확실히는 모르겠습니다.

_____

_____

👶 社会人 사회인　　理解 이해　　調べる 조사하다　　はっきりと 확실하게

177

76. ~ならではの : ~만의

~만이 가진 특유의 속성, 특징을 강조하는 표현

> N + ならではの

誰_{だれ}にもその人ならではの魅力_{みりょく}がある。

누구에게든 그 사람만의 매력이 있다.

お金持ち_{かねも}は金持ちならではの大変_{たいへん}さがあるようだ。

부자는 부자 나름의 어려움이 있는 듯하다.

成績_{せいせき}を上_あげたいならTOEICならではのルールを覚_{おぼ}えて。

성적을 올리고 싶으면 TOEIC 특유의 규칙을 외워.

魅力 매력   お金持ち 부자   大変さ 어려움   成績 성적

77. ~たる : ~라는 사람이

'명색이 ~라는 사람이' 라는 의미로 ~ともあろう라는 표현도 쓰임

N + たる

🎎 警察たる者が賭博をするなんて、最低だ。

경찰이라는 사람이 도박을 하다니 최악이다.

_____

_____

👦 教師たる者は学生に嘘をつけてはならない。

교사라는 사람은 학생에게 거짓말을 하면 안 된다.

_____

_____

🧑 プロ選手ともあろう者がマナーも守らないなんて。

명색이 프로 선수라는 사람이 매너도 지키지 않다니.

_____

_____

🐾 警察 경찰   賭博 도박   最低 최악   教師 교사   嘘 거짓말   選手 선수

78. ~ともなると : ~정도가 되면

'~쯤 되고 나면' 등의 의미로서 ~ともなれば의 형태로 쓰기도 함

```
N + ともなると
```

子供は中学生ともなると、親から離れ始める。
아이는 중학생쯤 되면 부모에게서 멀어지기 시작한다.

社長ともなるとゲームをする暇はないでしょう。
사장 정도가 되면 게임을 할 여유는 없겠지요.

9月ともなると山の木々は色づき始める。
9월쯤 되면 산의 나무들은 물들기 시작한다.

社長 사장   暇 여유   木々 나무들   色づき始める 물들기 시작하다

MEMO

79. ~にもまして : ~보다도 더

'~보다 한층 더 ~한'이라는 의미로서 양측을 비교할 때 사용

N + にもまして

久しぶりに会った友達は以前にもまして痩せていた。
오랜만에 만난 친구는 이전보다도 더 말라 있었다.

仕事にもまして大変なのは人間関係だ。
일보다도 더 힘든 것은 사람 관계다.

うちの次長はいつも誰にもまして早く出社している。
우리 차장님은 언제나 누구보다도 더 일찍 출근해 있다.

痩せる 마르다, 살이 빠지다   関係 관계   次長 차장   出社 출근

80. ～て何よりだ : ~해서 최고로 좋다

'~해서 가장 ~하다', '~이 무엇보다 좋다' 등 매우 만족스러운 기분

> Vて형 / イAくて / ナAで / Nで ＋ 何よりだ

🏮 長い旅から無事に帰ってきて何よりだ。

긴 여행에서 무사히 돌아와서 정말 다행이다.

_____

_____

😊 元気そうなあなたの顔が見られて何よりだ。

건강해 보이는 네 얼굴을 볼 수 있어서 가장 좋다.

_____

_____

🍺 尊敬するあの先生に褒められて何よりだ。

존경하는 저 선생님께 칭찬 받아 너무나 기쁘다.

_____

_____

😺 旅 여행　無事に 무사하게　褒める 칭찬하다

183

81. ~とは驚きだ : ~하다니 놀랍다

전혀 예상하지 못했던 결과가 나왔을 때의 놀람, 감탄을 표현

> V보통형 / イA보통형 / ナA보통형 / N 보통형 + とは驚きだ
> (ナA와 N 뒤의 だ는 생략 가능)

🌸 海外旅行で友達と会った**とは驚きだ**。

해외여행에서 친구와 만났다니 놀랍다.

_____

_____

👦 あんなに常識知らずの人が警官だ**とは驚きだ**。

저렇게 몰상식한 사람이 경찰관이라니 놀랍다.

_____

_____

👦 帰り、休みなどすべてが自由な職場がある**とは驚きだ**。

퇴근, 휴가 등 모든 것이 자유로운 직장이 있다니 놀랍다.

_____

_____

🐞 常識知らず 몰상식한　警官 경찰관　帰り 퇴근　休み 휴가　職場 직장

82. ~始末だ : 결국 ~하는 꼴이 되다

'~라는 안 좋은 결과가 되었다' 라는 의미로 부정적인 결말을 표현

> V사전형 + 始末だ

🧒 二人は今日もちょっとしたことで喧嘩になる始末だ。

두 사람은 오늘도 별것 아닌 일로 결국 싸움이 났다.

_____

_____

🧒 欠勤や遅刻をし続けた彼は首になる始末だ。

결근과 지각을 계속하던 그는 결국 해고당했다.

_____

_____

🧒 借金までして投資に走っていた彼は破産する始末だ。

대출까지 해서 투자에 몰두했던 그는 결국 파산하게 되었다.

_____

_____

😋 喧嘩 싸움 欠勤 결근 遅刻 지각 首になる 해고당하다 借金 대출 投資 투자 破産 파산

83. ~ずじまいだ : ~하지 못한 채 끝나다

하려고 했던 일을 어떤 이유로 하지 못했을 때의 자책, 아쉬움을 표현

Vない형 + ずじまいだ (단, する→せずじまい, 来る→来ずじまい)

🎎 やっと彼女と二人で会えたが、告白も出来ずじまいだ。

드디어 그녀와 둘이 만나게 되었지만 고백도 못한 채 끝났다.

_____

_____

🎎 今年は忙しくて親友と一回も会えずじまいだ。

올해는 바빠서 친한 친구와 한번도 못 만나고 지나갔다.

_____

_____

🎎 出張で地元まで行ったのに実家にも寄れずじまいだった。

출장으로 고향까지 갔는데 부모님 댁에도 들르지 못했다.

_____

_____

🐾 告白 고백 親友 친한 친구 出張 출장 地元 고향 実家 본가, 부모님댁 寄る 들르다

MEMO

84. ~手前<ruby>てまえ</ruby> : ~한 이상은

'~한 이상, (체면, 양심 때문에) ~하지 않을 수 없다' 라는
의미로 사용

> V사전형 / Vた형 / Nの + 手前

「禁煙する」と宣言した手前、辞めないわけにはいかない。
'금연하겠다'라고 선언한 이상 끊지 않을 수가 없다.

_____

_____

「私が奢る」と言った手前、いくら高くても出すしかない。
'내가 한턱낼게'라고 말한 이상 아무리 비싸도 낼 수밖에 없다.

_____

_____

先輩の手前、「お金を貸してほしい」とは言えない。
선배의 체면상 "돈 빌려줘"라는 말은 할 수 없다.

_____

_____

🐝 禁煙 금연 宣言 선언 辞める 그만두다 奢る 한턱내다 先輩 선배 貸す 빌려주다

85. ~たら ~たで : ~하면 ~한 대로

~하면 그때에는 그 나름대로 또 다른 무언가가 있음을 표현

(Vた형 / イA과거형 / ナAな) + ら + (Vた형 / イA과거형 / ナA어간) + で

失敗したら失敗したで、ほかの道を探せばいい。
실패하면 실패한 대로, 다른 방법을 찾으면 된다.

お金は、あったらあったで悩みが増えるものだ。
돈은, 있으면 또 그 나름대로 고민이 늘어나기 마련이다.

彼氏が欲しいけど、いたらいたで面倒な気もする。
남자친구를 원하지만 있으면 그때는 귀찮은 기분도 든다.

失敗 실패 道 길, 방법 探す 찾다 悩み 고민 増える 늘다 面倒な 귀찮은

189

86. ~ぐらい（くらい）なら : ~할 바에야

'~할 정도라면 차라리 ~하는 게 낫다'라는 내용을 전달할 때 주로 사용

> V 사전형 + くらいなら

あんな人と結婚^{けっこん}するくらいなら独身^{どくしん}のほうがましだ。
저런 사람과 결혼하느니 혼자 사는 게 차라리 낫다.

途中^{とちゅう}で辞^やめるぐらいなら始^{はじ}めないほうがいい。
도중에 포기할 바에야 시작하지 않는 편이 낫다.

家で小言^{こごと}を言われるくらいなら会社にいたほうが楽^{らく}だ。
집에서 잔소리를 듣느니 회사에 있는 게 더 편하다.

結婚 결혼 独身 독신 途中 도중 辞める 그만두다 小言を言う 잔소리하다 楽だ 편하다

87. ~ならいざ知らず : ~라면 어떨까 몰라도

'~라면 혹시 이해할 수 있을지 모르겠지만' 이라는 주관적 의견

V사전형 / Vない형 / N + ならいざ知らず

🐻 国内ならいざ知らず海外に一人で行くのは少し怖い。
국내라면 모를까 해외에 혼자 가는 것은 조금 무섭다.

_____

_____

👦 1回ならいざ知らず何回も断れたら諦めるでしょう。
한 번이라면 모를까 몇 번이나 거절당하면 포기하지요.

_____

_____

👦 出来ないならいざ知らず出来るのにやってくれない。
할 줄 모른다면 모를까 할 수 있는데 해주지 않는다.

_____

_____

🐼 国内 국내 海外 해외 断れる 거절당하다 諦める 포기하다, 그만두다

191

88. ~ほうがましだ : ~가 차라리 낫다

'양쪽 모두 좋지 않지만 굳이 하나를 고르라면 ~가 낫다' 라는 의미

> Vた형 / Nの + ほうがましだ

😊 毎日忙しい。でも、昨日よりは今日のほうがましだ。
매일 바쁘다. 하지만 어제보다는 오늘이 낫다.

_____

_____

😐 あんな常識知らずの人には嫌われたほうがましだ。
그런 몰상식한 사람에게는 미움받는 게 차라리 낫다.

_____

_____

😠 部長は「退職するなら死んだほうがましだ」と言う。
부장은 "퇴직하느니 차라리 죽는 게 낫다"라고 말한다.

_____

_____

🐾 常識知らず 몰상식한　嫌う 싫어하다　部長 부장　退職 퇴직

MEMO

89. ~に難^{かた}くない : ~하고도 남는다

'~하기 어렵지 않다', '간단히 ~할 수 있다' 라는 의미로 사용

V사전형 / N + に難くない

就職^{しゅうしょく}が出来ない若者^{わかもの}の辛^{つら}さは理解^{りかい}に難くない。

취직이 안 되는 젊은 세대의 고달픔은 이해하고도 남는다.

濡^ぬれ衣^{ぎぬ}を着^きせられた彼の悔^{くや}しさは想像^{そうぞう}に難くない。

누명을 쓴 그의 억울함은 상상하고도 남는다.

事故^{じこ}で子供をなくした親の悲^{かな}しみは察^{さっ}するに難くない。

사고로 아이를 잃은 부모의 슬픔은 이해하고도 남는다.

就職 취직 若者 젊은층 濡れ衣 누명 悔しさ 억울함 想像 상상 悲しみ 슬픔 察する 알다

194

90. ~て(は)かなわない : 너무 ~하다

'너무나 ~해서 견디기 어렵다' 라는 의미로 부정적 감정을 주로 표현

> Vて형 / イAくてーナ / ナAで / Nで + (は)かなわない

👧 隣の夫婦は毎晩喧嘩。うるさくてかなわない。

となり ふうふ まいばんけんか

옆집 부부는 매일 밤 싸움. 시끄러워서 견디기 어렵다.

_____

_____

👦 このカバンはデザインは可愛いけど重くてかなわない。

かわい　　　おも

이 가방은 디자인은 귀엽지만 너무 무겁다.

_____

_____

👨 家の中がこんなに寒くてはかなわない。

なか　　　　さむ

집 안이 이렇게 추워서는 견디기 힘들다.

_____

_____

🐾 隣 옆, 옆집　夫婦 부부　毎晩 매일 밤　喧嘩 싸움

91. ~にもほどがある : ~에도 정도가 있다

~하는 것에도 지켜야 할 한계가 있다는 의미로, 충고나 경고할 때 자주 사용

> V사전형 / イAい / ナA어간 / N + にもほどがある

じょうだん
冗談にもほどがあるよ。いい加減にして。
농담에도 정도가 있어. 적당히 해.

_____

_____

じぶんかって   りこん
自分勝手にもほどがある。もう離婚したい。
제멋대로인 것도 정도가 있다. 이젠 이혼하고 싶다.

_____

_____

おご   ずうずう
いつも奢ってもらうなんて、図々しいにもほどがある。
언제나 얻어먹기만 하다니, 뻔뻔스러운 것도 정도가 있다.

_____

_____

冗談 농담 いい加減 적당함 自分勝手 제멋대로 離婚 이혼 奢る 한턱내다 図々しい 뻔뻔한

196

92. ~嫌<ruby>嫌<rt>きら</rt></ruby>いがある : ~경향이 있다

쉽게 ~하는 '부정적인' 기질, 성향이 있다는 것을 의미

> V사전형 / Vない형 / Nの + 嫌いがある

うちの子は現実<rt>げんじつ</rt>を甘<rt>あま</rt>く見る嫌いがあって心配<rt>しんぱい</rt>だ。

우리 아이는 현실을 만만하게 보는 경향이 있어 걱정이다.

_____

_____

彼はどんなことに対<rt>たい</rt>しても批判的<rt>ひはんてき</rt>に言う嫌いがある。

그는 어떤 일에 대해서도 비판적으로 말하는 경향이 있다.

_____

_____

現代社会<rt>げんだいしゃかい</rt>は物<rt>もの</rt>も人も大事<rt>だいじ</rt>にしない嫌いがある。

현대사회는 물건도 사람도 소중히 여기지 않는 경향이 있다.

_____

_____

批判的 비판적 現実 현실 甘く見る 만만하게 보다 心配 걱정 現代 현대

197

93. ~きりがない : ~(하면) 끝이 없다

'~셀 수 없이 많다', '~하기 시작하면 끝나지 않는다' 등의 의미

> Vば형 / Vたら형 / Vと형 + きりがない

お金に欲を出したら きりがない でしょう。

돈에 욕심을 부리면 끝이 없지요.

_____

_____

彼女のいいところを挙げれば きりがない 。

그녀의 좋은 점을 말하자면 끝이 없다.

_____

_____

悩みを言い出すと きりがない 。一番は借金のことだ。

고민을 말하기 시작하면 끝이 없다. 가장 큰 것은 빚이다.

_____

_____

欲を出す 욕심을 내다　挙げる 예를 들다, 열거하다　悩み 고민　借金 빚

MEMO

94. ~べく : ~를 위하여

'~하고자', '~하려고 생각해서' 라는 의미로 확실한 목적을
표현

> V사전형 + べく(단, する는 するべく, すべく 모두 가능)

彼は溺れた子供を助けるべく、海に飛び込んだ。

그는 물에 빠진 아이를 구하기 위해 바다에 뛰어들었다.

インフルエンザを予防するべく、毎日マスクをしている。

인플루엔자를 예방하기 위해 매일 마스크를 하고 있다.

あのチームは1位を取り戻すべく、必死に練習した。

저 팀은 1위를 되찾기 위해 필사적으로 연습했다.

👣 溺れる 물에 빠지다 助ける 구하다 飛び込む 뛰어들다 予防 예방 取り戻す 되찾다

95. ~んがため : ~하기 위하여

강한 의지를 갖고 노력하는 '목적'을 표현하는 딱딱한 표현

> Vない형 + んがため (단, する→せんがため)

🎎 夢を叶えんがためのことならなんでもやる。
ゆめ　かな
꿈을 이루기 위한 일이라면 무엇이든 할 것이다.

_____

_____

👦 手術を受けた彼女は回復せんがため、頑張っている。
しゅじゅつ　う　　　　かいふく　　　　　がんば
수술을 받은 그녀는 회복하기 위해 노력하고 있다.

_____

_____

👦 動物は生きんがため、他の動物を殺すこともある。
どうぶつ　い　　　　　ほか　　　　　ころ
동물은 살기 위하여 다른 동물을 죽이기도 한다.

_____

_____

🐾 夢 꿈　叶える 이루다　手術 수술　回復 회복　動物 동물　殺す 죽이다

201

96. ~まいとして : 절대 ~하지 않도록

절대로 ~하지 않도록 하겠다는 강한 자신의 의지, 결심을 표현

> V사전형 + まいとして (단, する는 するまい, しまい 모두 가능)

🧒 これからは親に頼る**まいとして**バイトを始めた。
이제부터는 부모님께 기대지 않으려고 아르바이트를 시작했다.

_____

_____

👦 忘れ**まいとして**メモをしたが、メモした紙が見つからない。
잊지 않으려고 메모를 했는데 메모한 종이가 보이지 않는다.

_____

_____

👦 泣く**まいとして**も涙がとめどなく溢れてきた。
울지 않으려고 해도 눈물이 한없이 넘쳐 나왔다.

_____

_____

👣 頼る 의지하다, 기대다 見つかる 발견되다 とめどなく 한없이 溢れる 넘치다

97. ~ (よ)うが～まいが : ~하든 안 하든

~하든 안 하든 어떤 경우에도 결국 똑같다는 주관적 생각을 표현.
~ようと～まいと도 같은 의미로 사용

> V의지형 + が + V사전형 + まいが

明日は雨が降ろうが降るまいが遊びに行くつもりだ。
내일은 비가 오든 오지 않든 놀러 갈 생각이다.

_____

_____

彼は居ようが居るまいがあまり目立たない。
그는 있든 없든 별로 티가 나지 않는다.

_____

_____

来ようが来るまいが、連絡はください。
오든 안 오든 연락은 주세요.

_____

_____

降る (비가) 내리다 居る 있다 目立つ 눈에 띄다, 두드러지다 連絡 연락

98. ~にとどまらず : ~에 그치지 않고

'~뿐만 아니라 다른 것도' 라는 의미로, 긍정과 부정의 표현 모두에 사용

V사전형 / N + にとどまらず

この映画は日本国内にとどまらず海外でも人気だ。

이 영화는 일본 국내에 그치지 않고 해외에서도 인기다.

犯人はお金を奪うにとどまらず、命まで奪った。

범인은 돈을 빼앗는 것에 그치지 않고 목숨까지 빼앗았다.

北朝鮮は韓国にとどまらず全世界を緊張させている。

북한은 한국뿐만 아니라 전 세계를 긴장시키고 있다.

犯人 범인　奪う 빼앗다　北朝鮮 북한　緊張 긴장

MEMO

Chapter3 **Review**

59. ～放題 : 마음껏 ～하다

今日は飲み放題の居酒屋でいっぱい飲もう。

60. ～(で)すら : ～조차

風邪がひどくて出社どころか起きることすら出来なかった。

61. ～はおろか : ～은 커녕

今年は夏休みはおろか、週末もなかなか休めない。

62. (ただ) ～のみ : (단지) ～뿐

試合で勝つために必要なのはただ練習のみだ。

63. **~あっての** : ~가 있어야만 가능한

健康あっての仕事だからあまり無理はしないでね。
_{けんこう} _{むり}

---

64. **~ごとき** : ~와 같은

彼女は天使のごとき声を持っている。
_{てんし} _{こえ も}

---

65. **~ごとく** : ~와 같이

お金を湯水のごとく使った彼は結局破産した。
_{かね ゆみず} _{かれ けっきょくはさん}

---

66. **~まじき** : ~있을 수 없는

遺産だけもらって親を捨てるなんて、あるまじき行為だ。
_{いさん} _{おや す} _{こうい}

---

67. **~べからず** : ~하면 안 된다

働かざるもの、食うべからず。
_{はたら} _く

---

68. ~べからざる : 결코 ~할 수 없다

学生に対する教師の差別は許す<mark>べからざる</mark>行為だ。

---

69. ~を経て : ~을 거쳐서

私と主人は2年間の交際<mark>を経て</mark>結婚しました。

---

70. ~を踏まえて : ~을 고려하여

アンケートの結果<mark>を踏まえて</mark>新しい計画を立てます。

---

71. ~と相まって : ~와 ~이 겹쳐서

ヨガは健康ブーム<mark>と相まって</mark>人気が高まっている。

---

72. ~に即して : ~에 따라

テーマ<mark>に即して</mark>４００字以上の文を書きなさい。

---

73. ~にひきかえ : ~인 반면

今日は昼間にひきかえ朝晩は結構寒かった。

---

74. ~だに : ~하기만 해도

自分の子供を殺すって、聞くだに恐ろしい。

---

75. ~なりに : ~나름대로

学生は学生なりに社会人は社会人なりに悩みがある。

---

76. ~ならではの : ~만의

誰にもその人ならではの魅力がある。

---

77. ~たる : ~라는 사람이

警察たる者が賭博をするなんて、最低だ。

78. ~ともなると : ~정도가 되면

子供は中学生ともなると、親から離れ始める。

---

79. ~にもまして : ~보다도 더

久しぶりに会った友達は以前にもまして痩せていた。

---

80. ~て何よりだ : ~해서 최고로 좋다

長い旅から無事に帰ってきて何よりだ。

---

81. ~とは驚きだ : ~하다니 놀랍다

海外旅行で友達と会ったとは驚きだ。

---

82. ~始末だ : 결국 ~하는 꼴이 되다

二人は今日もちょっとしたことで喧嘩になる始末だ。

83. ~ずじまいだ : ~하지 못한 채 끝나다

やっと彼女と二人で会えたが、告白も出来ずじまいだ。

---

84. ~手前 : ~한 이상은

「禁煙する」と宣言した手前、辞めないわけにはいかない。

---

85. ~たら ~たで : ~하면 ~한 대로

失敗したら失敗したで、ほかの道を探せばいい。

---

86. ~ぐらい (くらい) なら : ~할 바에야

あんな人と結婚するくらいなら独身のほうがましだ。

---

87. ~ならいざ知らず : ~라면 어떨까 몰라도

国内ならいざ知らず海外に一人で行くのは少し怖い。

---

88. ~ほうがましだ : ~가 차라리 낫다

毎日忙しい。でも、昨日よりは今日の<mark>ほうがましだ</mark>。

---

89. ~に難くない : ~하고도 남는다

就職が出来ない若者の辛さは理解<mark>に難くない</mark>。

---

90. ~て(は)かなわない : 너무 ~하다

隣の夫婦は毎晩喧嘩。うるさく<mark>てかなわない</mark>。

---

91. ~にもほどがある : ~에도 정도가 있다

冗談<mark>にもほどがある</mark>よ。いい加減にして。

---

92. ~嫌いがある : ~경향이 있다

うちの子は現実を甘く見る<mark>嫌いがあって</mark>心配だ。

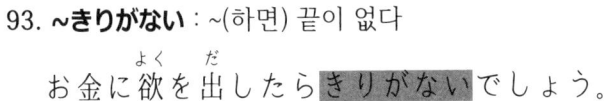

93. ～きりがない : ~(하면) 끝이 없다

お金に欲を出したら<mark>きりがない</mark>でしょう。

---

94. ～べく : ~를 위하여

彼は溺れた子供を助ける<mark>べく</mark>、海に飛び込んだ。

---

95. ～んがため : ~하기 위하여

夢を叶え<mark>んがため</mark>のことならなんでもやる。

---

96. ～まいとして : 절대 ~하지 않도록

これからは親に頼る<mark>まいとして</mark>バイトを始めた。

---

97. ～ (よ)うが～まいが : ~하든 안 하든

明日は雨が<mark>降ろうが</mark>降る<mark>まいが</mark>遊びに行くつもりだ。

213

98. ~にとどまらず : ~에 그치지 않고

この映画は日本国内にとどまらず海外でも人気だ。

MEMO

JLPT N1 **Point 50**

1. ~を機に : ~을 계기로

父は今回の入院を機に禁煙ができた。

2. ~を皮切りに : ~을 시작으로

あの事件を皮切りに、政府を非難するニュースが相次いだ。

3. ~が早いか : ~하자마자

彼は彼女からメールをもらうが早いか、家を飛び出した。

4. ~や否や : ~하자마자

迷子になっていた子供は親の顔を見るや否や泣き出した。

5. **~をよそに** : ~을 무시하고

<ruby>禁煙<rt>きんえん</rt></ruby>のマークをよそにタバコを<ruby>吸<rt>す</rt></ruby>っているおじさんがいた。

___

6. **~いかんによらず** : ~여부와 상관없이

<ruby>国籍<rt>こくせき</rt></ruby>のいかんによらず<ruby>採用<rt>さいよう</rt></ruby>する<ruby>企業<rt>きぎょう</rt></ruby>が<ruby>増<rt>ふ</rt></ruby>えている。

___

7. **~を禁じ得ない** : ~을 금할 길이 없다

<ruby>進歩<rt>しんぽ</rt></ruby>している 「ロボット<ruby>兵器<rt>へいき</rt></ruby>」に<ruby>懸念<rt>けねん</rt></ruby>を禁じ得ない。

___

8. **~といったらない** : 말할 수 없이 ~하다

<ruby>近所<rt>きんじょ</rt></ruby>のコンビニが<ruby>無<rt>な</rt></ruby>くなって<ruby>不便<rt>ふべん</rt></ruby>といったらない。

___

9. **~べくもない** : 전혀 ~할 여지도 없다

<ruby>彼<rt>かれ</rt></ruby>が<ruby>自分<rt>じぶん</rt></ruby>の<ruby>過<rt>あやま</rt></ruby>ちを<ruby>認<rt>みと</rt></ruby>めることは<ruby>期待<rt>きたい</rt></ruby>すべくもない。

___

10. ~ずにはすまない : ~하지 않으면 안 된다

不正が発覚したからには責任を取ら**ずにはすまない**。

---

11. ~ずにはおかない : 꼭 ~할 것이다 or 항상 ~한다

国民を裏切ったあの政治家、辞めさせ**ずにはおかない**。

---

12. ~を余儀なくされる : ~하지 않을 수 없다

大統領は国民に非難され、辞任**を余儀なくされた**。

---

13. ~ても差し支えない : ~해도 지장 없다

電話番号は記入しなく**ても差し支えありません**。

---

14. ~がてら : ~하는 김에

北海道への出張**がてら**何日間旅行をすることにした。

15. ~かたわら : ~하는 한편으로

友達は子育ての<mark>かたわら</mark>起業の準備をしている。

---

16. ~まみれ : ~투성이

引越しのせいで服が埃<mark>まみれ</mark>になった。

---

17. ~ずくめ : ~일색의, 온통 ~인

就職、結婚など今年は幸せ<mark>ずくめ</mark>の年でした。

---

18. ~なりとも : ~만이라도

ラーメンに卵を入れると栄養価を多少<mark>なりとも</mark>高められる。

---

19. ~ものを : ~했을텐데

遅くなる時はメールでもくれればいい<mark>ものを</mark>。

---

20. ~こととて : ~이므로

慣れぬこととて、頑張りましたがこれしか出来ませんでした。

---

21. ~ことなしに(は) : ~하지 않고(는)

まだ辞書を引くことなしには翻訳が出来ない。

---

22. ~てまで : ~하면서까지

体を壊してまで働くのは愚かなことだ。

---

23. ~までもない : ~할 필요도 없다

簡単な機械だから説明書を読むまでもない。

---

24. ~とはいえ : ~라고 해도

美しくなりたい。とはいえ整形手術までする気はない。

---

25. **~に言わせれば** : ~에게 묻는다면

せんもんか　　　　　　　　　　　　　　　　　　　　　　　じっげん　　　　　せいさく
専門家に言わせれば、それは実現できない政策です。

26. **~に限る** : ~가 최고다

びょうき　とき　　　　　　　てづく　りょうり
病気の時は母の手作り料理に限る。

27. **~ないとも限らない** : 꼭 ~가 아니라고 할 수도 없다

きず　　　　　　　　　　えんしょう　お
小さな傷だけど炎症を起こさないとも限らない。

28. **~こそあれ** : ~은 있을지언정

かつどう　くろう
ボランティア活動は苦労こそあれやりがいがある。

29. **~てこそ** : ~하게 되어서야 비로소

くろう　　　　かせ　　　　　　　　　　　　　　　　　　　　かち
自分で苦労をして稼いでみてこそお金の価値が分かる。

30. ~んばかりに : ~할 듯이

なにがあったのか、子供は泣かんばかりの顔だった。

---

31. ~たところで : ~하더라도

親が反対したところで音楽を諦めることはない。

---

32. ~もさることながら : ~도 물론이거니와

このカメラは画質もさることながらデザインも最高だ。

---

33. ~に至るまで : ~에 이르기까지

この曲は子供から大人に至るまで、皆に愛されている。

---

34. ~に堪えない : ~하고 있기 어렵다

あの人の話は極端な内容ばかりで聞くに堪えない。

---

35. **~(で)すら** : ~조차

にゅうし　がっこう　　　　　　　　　と　　　もんだい
入試に学校の先生ですら解けない問題が出た。

---

36. **~あっての** : ~가 있어야만 가능한

　　　　　　　　　みなさま　ささ
今の私があるのは皆様の支えあってのことです。

---

37. **~ごとき** : ~와 같은

しゃしん　　わか　とき　　はは　　　はな　　　　びじん
写真で見た若い時の母は、花のごとき美人だった。

---

39. **~べからず** : ~하면 안 된다

　　　さき　こうじちゅう　　　　　　た　い
この先は工事中のため、立ち入るべからず。

---

40. **~べからざる** : 결코 ~할 수 없다

げんだいじん けいたい　か　　　　　　　　そんざい
現代人に携帯は欠くべからざる存在になっている。

41. ~を踏まえて : ~을 고려하여

<ruby>実績<rt>じっせき</rt></ruby>を踏まえて<ruby>投資額<rt>とうしがく</rt></ruby>を<ruby>決<rt>き</rt></ruby>めるつもりです。

---

42. ~に即して : ~에 따라

<ruby>運転<rt>うんてん</rt></ruby>する<ruby>時<rt>とき</rt></ruby>は<ruby>信号<rt>しんごう</rt></ruby>に即して<ruby>走行<rt>そうこう</rt></ruby>、<ruby>停止<rt>ていし</rt></ruby>します。

---

43. ~たる : ~라는 사람이

<ruby>教師<rt>きょうし</rt></ruby>たる<ruby>者<rt>もの</rt></ruby>は学生に<ruby>嘘<rt>うそ</rt></ruby>をつけてはならない。

---

44. ~ずじまいだ : ~하지 못한 채 끝나다

今年は忙しくて<ruby>親友<rt>しんゆう</rt></ruby>と<ruby>一回<rt>いっかい</rt></ruby>も<ruby>会<rt>あ</rt></ruby>えずじまいだ。

---

45. ~ならいざ知らず : ~라면 어떨까 몰라도

1<ruby>回<rt>かい</rt></ruby>ならいざ知らず<ruby>何回<rt>なんかい</rt></ruby>も<ruby>断<rt>ことわ</rt></ruby>れたら<ruby>諦<rt>あきら</rt></ruby>めてもおかしくない。

46. ~に難くない : ~하고도 남는다

事故で子供をなくした親の悲しみは察する<mark>に難くない</mark>。

---

47. ~嫌いがある : ~경향이 있다

現代社会は物も人も大事にしない<mark>嫌いがある</mark>。

---

48. ~べく : ~를 위하여

インフルエンザを予防する<mark>べく</mark>、毎日マスクをしている。

---

49. ~んがため : ~하기 위하여

動物は生き<mark>んがため</mark>、他の動物を殺すこともある。

---

50. ~にとどまらず : ~에 그치지 않고

北朝鮮は韓国<mark>にとどまらず</mark>全世界を緊張させている。

あ

か

き

く

こ

す

そ

た

ひ

へ

ほ

ま

め

も

や

ゆ

よ

を

ん